『日本人の弱点』

IDP新書

012

まえがき

日本を訪れた外国人は、日本は治安がよく、街が清潔で、人々が礼儀正しいことを賞賛する。新幹線など列車が時刻表通りに発着することに驚きさえする。おかげで外国人旅行者は増える一方だ。私も外国でレンタカーやホテルの受付の対応の悪さや、ゴミが散らかる道を見て、落書きだらけの地下鉄に不快感ももたなくなった頃、日本に戻ってくると、日本は素晴らしいではないかと見直すことがある。

しかし、である。日本に戻ってきてしばらくすると、日本と日本人の無気力や意見の無さが嫌になって、落担することが多くなる。なぜ日本人はもって回った言い方をして本音を隠そうとするのか、もっと率直にいえばいいじゃないかと感じるのだ。古く、弊害が多いことも長くそのままにしておき変えようとしない。自分は前面に出ないで人に頼む。国の補助金などを当てにする。

考えてみると、日本と日本人の美点は、弱点と裏腹なのだ。礼儀正しいことは、本音を隠して外見を取り繕うことであり、列車も人も約束した時間通りにやって来るのは、一度決めたことを容易に変えようとしない頑固さにも通じる。

海外に出て外国人と接していると、そうした日本人の弱点が見えてくるのである。このままでは世界の流れに日本が取り残される。とくに若い世代が内向きで外に目を向けようとしない傾向が強まっていて、10年後、20年後の日本はどうなってしまうのか。

私は運よく国家公務員試験の上級職（甲種、現在の国家公務員総合職試験）に合格し農林水産省に採用された官僚として、また、幸運にも人事院の行政官長期在外研究員制度に合格して米国イェール大学経営学大学院に留学し、その後、海外協力、日米交渉、サケ・マス交渉、マグロ交渉や国際捕鯨交渉の日本代表として、活躍する機会に恵まれ、その後は政策研究大学院大学の教授として発展途上国の超エリート官僚を教え、米国や豪州、ノルウェーなどから教えを得て日本の制度の改革に関する努力を重ねてきた。

私が歩んできた半生で、日本の組織と日本人の問題点、自己改革できない体質を数々見てきた。これは、受動的な日本人の奥ゆかしさにも見えるが、一方で、激動する世界と日本の社会のなかでは、その変化についていけない弱点でもある。これらを積極的に「日本の弱点」ととらえ、そのなかでどう生きるべきかを私の経験に基づき提唱してみたい。

目次／日本人の弱点

まえがき —— 2

第1章　あなたはリーダー型？　それともマネージャ型？ —— 11

リーダーに欠かせないビジョンと実行力 …… 13
リーダーを支えるマネージャとフォロワー …… 15
日本に多い「御用聞き型リーダー」 …… 17
「間接リーダー」は道を指し示す …… 19
組み合わせの形態はいろいろ …… 21
リーダーシップを発揮した政治家 …… 22
個人の資質も組織も劣化した …… 24
S・ジョブズのリーダーシップ …… 25
近代黎明期のリーダーたち …… 27
明治期の政治的リーダー …… 29

目次

明治・大正期の「間接リーダー」……33
間接リーダーもいなくなった……34
独裁者とリーダーの違い……36

第2章　偉人伝は人生論の宝庫――39

「世のため人のために貢献したい」……41
人に語れるものを持っているリーダー……44
専門分野を極め、社会に影響力を持つ……47
原爆の開発者は核の使用に反対した……48
アカデミズムで闘った学者……49
近代的な会社組織とは……50
大統領になったかもしれない陸軍将校……51
教会改革に乗り出した教皇……53
女性の地位向上に尽力した大統領夫人……54
非業の最期を遂げるリーダーたち……55
世界に影響を与えた「サティヤーグラハ」……56

運を味方にした「鉄の女」 59
EUの生みの親の幅広い見識 60
探検家のリーダーシップ 62
アウンサンスーチーの闘い 65
親の背中を見て育つ将来のリーダー 67
「軍産複合体」をコントロールしたケネディ 68
足を引っ張られるリーダー型人間 70
誘惑、攻撃、そして殺人 71
「クジラは持続的に殺せ」 73
海外で体験する人種差別 75
日本にもいたリーダーたち 76
見事だった関東大震災の復興 79
本当の「エリート教育」とは何か? 81

第3章　石橋を叩いて渡る日本のエリート 85

発展途上国の人材育成 87

多くの人は改革に抵抗する……89
「静かに暮らしたい」という日本人学生……93
それでは置いてきぼりを食う……96
3分の1の法則……97
貪欲な発展途上国の留学生……99
留学生たちの変化……102
可もなく不可もなく……105
経済的な豊かさが人をダメにする?……107
多様性がない単一思考……108

第4章　日本の組織はなぜ硬直化するのか?——111

28年間の官僚生活……113
人事はローテーションではダメ……115
官僚の政治任命……117
セクショナリズムが進行……119
人事権は誰が握っているのか……121
ローテーション制度の弱点……123

日米英の公務員制度……126
日本の組織に乏しい研修制度……129
透明性と説明責任……131

第5章　官僚と政治家は持ちつ持たれつ――135

政治家の失言……137
官僚と政治家は「狐と狸」……139
相性の良し悪しで決まる政策……141
予算はこうして決まる……142
領土争いのような省庁間の折衝……145
外交交渉の「対処方針」……147
相変わらず地方を縛る中央……148
規制改革はどこまで進む?……152

第6章　出る杭は打たれる、出ない杭は腐る――155

「出過ぎた杭は打たれない」……157
「出過ぎた杭」になる……158

専門性を磨く……161
ほどほどのコンプレックスが原動力……163
屈辱的な日本人の「3S」……164
悔しい思いが原動力……167
小松流語学習得法……169
今でも週末は英語の勉強……170
英語「で」教えられる教師……172
膨大な知識と教養と思考が必要……173
原書を読んで英語を勉強する……175
英語のニュースを録音して聴く……177
第7章　何が人の幸せなのか？——179
自分の心に忠実な生き方……181
スタインベックの功績……184
死後に何を遺すのか……186
「公」と「私」を意識しない日本人……188
あとがき——**192**

第1章

あなたはリーダー型？　それともマネージャ型？

私は政策研究大学院大学でリーダー論を教えてきた。外国の若手エリート官僚や国内の官民の幹部候補生を対象に、さまざまな事例を通してリーダーとしてのものの見方や考え方を教えるのである。

しかし、日本で流布しているリーダー論は処世術や人心操縦術といったテクニックに走る傾向がある。企業も含めて組織や社会が発展するためには優れたリーダーが求められているという根底の理解がないからだ。

自分が勤める会社を成長させたい、社会を良くしていきたいと思う人は、本当のリーダーとはどういう人なのかを考えてほしい。あなた自身がリーダーにならなくても、リーダーにふさわしい人を支えるマネージャやフォロワーになることはできるのだ。

リーダーに欠かせないビジョンと実行力

私は日本人が書いたリーダー論を何冊か読んだが、何をいいたいのかよくわからなかった。私にいわせると、結局は自分が職場内でどうしたら好かれて職の安定を得られるか、自分にとっての利益はどのような人間関係から得られるかといった論が中心だ。それでは自己利益を実現する処世術であって、社会的貢献や真の組織論とはほど遠いものである。

ほかにもリーダー論がテーマの本をずいぶん読んだ。役に立たないことはないが、腑に落ちることはなかった。そしてロナルド・A・ハイフェッツ他著の『最前線のリーダーシップ』を読んだとき、ようやく探し求めていた核心に出会った気がした。

リーダーシップは、世のため人のための貢献であり、社会を変革するための努力であり、その努力を行使すれば、いろいろな危険が伴うとしている。それは私がこれまでの人生で経験したことを最も適切に物語るものであり、適切な外国のリーダー論が語る内容と一致するのであった。

ところで、リーダーとマネージャがどう違うかは、リーダー論を理解するときの最大のキーポイントになる。私には、著名な学者もリーダーシップとマネージメントをゴチャゴチャに書いていると思われる。

リーダーは、ボスとか、親分とか、世話役とか、チアリーダーとか、たんに誰かから選ばれただけの人間で特定の目的を持たない者とは全然違う。つまりリーダーは、明確にある一つのものを持っていないといけない。それは将来を展望できるビジョンを持ち、そのことを実行できる人のことである。そのビジョンに基づいて、自分が行動するだけでなく、自分の考えを明確に説明できて、人に行動を起こさせる人間でなければならない。ワード（言葉）で人に説明する、あるいは自分がディード（行動）するだけでなく、その両者を組み合わせて世の中を変革できる人のことをいう。

そういう定義からすると、「黙ってオレについてこい」とか、「悪いようにはしない」などといって人を傘下に集めるのは、ただの親分かグループのボスだ。会社組織の親分にしろ、政治家の親分にしろ、大なり小なり公共に属している富を自分たちの周りに独り占めすることにほかならない。日本人はそういう人をリーダーと呼ぶ間違いを犯している。また、アイドルグループにもリーダーがいるが、たんなる雑用係とか世話役に過ぎないケースもある。明確にビジョンを持って行動するタイプとは一線を画する。

リーダーを支えるマネージャとフォロワー

次にマネージャは、決められた内容の事業や予算をきちんと実行する人のことだ。組織には組織規定があり、その組織規定に基づいて行動しなくてはならない。そこから逸脱したり、遅れる者がいれば、その枠内に戻す必要がある。組織のなかにはいろいろな人間がいるので、サボる人間や能力のない人間もいる。そういう連中を含めて軌道修正して計画通り実行できる人を優れたマネージャと呼び、それを実践することをマネジメントという。グッド・マネージャがグッド・リーダーになり得るかといえば、それはわからない。では、リーダーがマネージャになれるかといえば、これもわからない。両方を兼ね備えれば、それにこしたことはない。

しかし、マネージャのように決まったことを着実にやるタイプがリーダーになり得るかというと、はなはだ疑問だ。というのは、世の中は常に変遷している。技術革新や環境の変化、女性の社会進出、国際情勢が変化するといった環境のなかで、それらの変化に対して、会社なり組織がきちんと対応しなければならないとしたら、今ある組織規定は使いものにならなくなる。必ずそこから超越せざるを得ない。

超越して、新しいビジョンを示しながら自分から説明し、皆を説得させて組織を変化に対応したものに変革することを「リーダーシップを発揮する」という。この点から見ても、リーダーシップを発揮することは危険な側面も持っている。というのは、組織規定に基づいてやっているマネージャについては誰も文句のいいようがない。遅れていることや決められてもやっていないことを軌道に乗せるだけの話だから。

ところが、リーダーシップを発揮することは、今の法律や組織規定と対峙(たいじ)することになる。そうしないと新しい法律や組織規定や方針が生まれない。だから必ず現状の肯定派や満足派から「そんなことをやっていいのか」「そんなことはやめろ」という声が出る。

リーダーシップとは、政治学者でニクソン政権とフォード政権で大統領補佐官や国務長官を務めたヘンリー・キッシンジャーが「一人から始まる」といっている。新しい環境は何が問題で、どう対応したらいいかを見定め、明確にわからなかったら何度もフィードバックして前に進める能力を持っている人間は、100人いる組織のなかで1人か2人しかいない。あとの98人か99人は、そんなことを思いつかないし、ついていけない可能性があるので、理解をしない上司から「お前何やっているんだ」といわれる可能性が大きい。

それでも会社の上司とか、役所でいえば大臣を説得して動かさないと、その組織はつぶれたり、時代に合わず国民や消費者から見捨てられてしまう。山一証券や足利銀行のように破綻（はたん）したり、ソニーのように停滞したり、シャープや東芝のように経営がおかしくなったりする。

リーダーシップを発揮しようとする人物は突出するが、それを生かせるか否かが企業存続のポイントになる。役所の場合は税金で食っているからつぶれることはないだろうが、役所も変化についていけなくなれば、いずれは民間企業と同じ運命をたどるだろう。

次にフォロワーは、リーダーのいっていることを理解し、ついていく人をいう。場合によっては、「中間層フォロワー」の下で、フォロワーを指導する立場をになうこともある。だからリーダーの人となり、ものの考え方を理解しながら下に伝え、さらに下の意見を上のリーダーに伝えるという意味でフォロワーの役割は非常に大きい。

日本に多い「御用聞き型リーダー」

リーダーシップはいくつかに分けられる。一つは「トランスアクショナル・リーダーシップ（右から左に流すリーダーシップ）」、もう一つは「トランスフォーミング・リーダーシップ（要望を本質的なものに変質させるリーダーシップ）」だ。それとは違うまったく別の観点で分けると、「直接リーダーシップ」と「間接リーダーシップ」がある。英語でいうと、ダイレクト・リーダーシップとインダイレクト・リーダーシップである。分類を2つ紹介したが、それらの分類は便宜的に大枠を示しているので、その中間系も多い。

前段の「トランスアクショナル・リーダーシップ」は、アクションを右から左に流すという意味だ。どういうことかというと、たとえば政治家は国民から要望が出される。どこそこに堤防をつくってもらいたいとか、道路を直してもらいたいとか、失業手当の支給期間を延長してくれとか、自分たちの願望をそのまま政治家にぶつけると、政治家がそのように動く。願望を右から左に流すだけなので、日本語に直すと「御用聞き型リーダー」ということになる。政治家が選挙で勝つには、この御用聞き型が一番有効だ。国民の願望を叶えるのだから絶大な人気を得る。日本のほとんどの政治家はこのタイプだろう。

もう一方の「トランスフォーミング・リーダーシップ」、または「トランスフォーメーショナル・リーダーシップ」は、フォームをトランスする。つまり、要求の形を変えてしまう。国民が「仕事をくれ」といっても、雇用助成金をつけて働き口を増やすのではなく、中長期的なビジョンを考えて新しい産業を創出したり、職業訓練を提供する。国民にしてみれば、「オレも職業訓練を受けなくてはならないのか」「新しい仕事なんてオレにはできっこない」というつらさがある。

しかし、政治家が国民のいうことをきいてカネをばらまいていたら、その国や地方は確実に衰退する。カネをばらまくのではなく、教育や新しい産業を提供する。これは苦労が多いので、短期的には評判がよくない。これが「トランスフォーミング・リーダーシップ」で「改革型リーダー」である。このタイプのリーダーの主張は中高年から「オレたちに一から勉強しろというのか」と反発を買ったりする。しかし、それをやらない限り、その国や地方は立ち上がれない。そのようなタイプのリーダーは外国には多い。改革型の国家であるアメリカにも多いし、イギリスやドイツにも多い。現代の日本には残念ながら、このタイプのリーダーが少ない。

「間接リーダー」は道を指し示す

次に「直接リーダーシップ」と「間接リーダーシップ」だが、「直接リーダーシップ」は直接権限を与えられている政治家や官僚が自分でビジョンをつくりあげて自分で実行することをいう。この場合は直接的にやるべきことを自分で計画して実践する。

もう一方の「間接リーダーシップ」は、たとえばアメリカ独立戦争のときトマス・ペインが『コモン・センス』という論文を発表し、アメリカのために立ち上がれと呼びかけた。アメリカの植民地時代、多くの人が強大なイギリス軍に立ち向かうのは無謀だと思っていたが、われわれには独立精神や思想の自由があって、このままイギリスに従属してはいけないと説いた。フランス革命でもモンテスキューやルソーが革命を鼓舞した。

「間接リーダー」とは実際に行動するのは別の人間だが、多くの人に影響を与える思想家だ。日本でいえば吉野作造や中江兆民、坂本龍馬など、自分には何の権限もないけれど、思想信条やアイデアを持ち、それを広めることによって世の中に影響を及ぼし、社会の変革に寄与する。

「直接リーダー」には、日本の総理大臣やアメリカの大統領、ドイツの首相がいるが、残念なことに「間接リーダー」が少ない。「間接リーダー」がいないということは、その社会全体の理解力や問題意識のレベルが低いことを意味する。オピニオンリーダー、思想リーダー、文化面のリーダーが乏しいのだ。

その国の学者や専門家が政府の設置した委員会の委員として政府に迎合する答申しか出さなければ、その社会はやがて没落する。日本では原子力政策や税制、経済政策や安保法制などで政府寄りの学者が少なくない。アメリカでは政治学は政策を研究して、いかに資源を活用してやっていくかという提言をするが、日本の政治学の先生は、政治家の人物評に終始したりする。政治家の人間関係を研究素材としていて、それを超えて政策そのものの話をしない。こういう政策をやったらどうか、そのためにはどのように権力機構を変えればいいという提言がない。

組み合わせの形態はいろいろ

リーダーとマネージャの話では、たとえば本田技研工業を立ち上げた本田宗一郎（ほんだそういちろう）がリーダーで、藤沢武夫（ふじさわたけお）がマネージャとみることができる。本田宗一郎はリーダーであると同時にテクノクラート（技術者）でもあった。

リーダーにはいろいろなタイプがいる。アップルのスティーブ・ジョブズはテクノクラートであるし、全体を統合する能力も持っていた。技術力がなくても全体を統合しながら目配りするリーダーもいる。その場合でも、リーダーは技術のことは話を聞いて理解しないといけない。

今、私が新潟県の泉田裕彦（いずみだひろひこ）知事のリーダーシップの下で実践している水産資源の管理は、泉田知事がリーダーで、私はテクノクラートの立場だ。私は技術・実践部門を担当し、泉田知事の判断と指示を仰ぐ。リーダーが実践内容に関して指示を出してはダメなのだ。リーダーは予算を確保し、人を動かす。その他にも必要なのはリーダーとマネージャの組み合わせなのか、リーダーとフォロワーの組み合わせなのか、あるいは三つ巴なのかは局面ごとにそれぞれ異なっている。

リーダーはビジョンを持って、リスクを負って、行動に移すが、それを補完する人を必ず持っている。マネージャであれ、フォロワーであれ、リーダーの足らざるを補う人が必要になる。リーダーに必要な専門性・技術力などを補うのか、どのようにサポートするかは、組織の大きさや性格にもよる。

会社や組織に入って働いている人は、自分がどのようなタイプの人間なのか。リーダーなのか、マネージャなのか、フォロワーなのか、いちどでも考えたことがあるだろうか。考えたことがなければ、今からでも遅くないから考えてほしい。

リーダーシップを発揮した政治家

日本では調整型のリーダーがいると組織がうまくいくといわれるが、そもそも何を調整するのか。私が関わっていた水産業でも「漁業調整」といって、大きい船と小さい船の船主たちが漁場をめぐって、酒を飲みながら疲れ果てるまで話し合いをする。そこに立会人と称する役人が出ていって話を締めるのだ。

調整型では既存のものを変えられない。当事者は利害関係者なので、第三者的な判断でまったく別の基準から公平に見る必要がある。調整型はそれぞれの利害の違いを足して2で割って当事者双方をある程度満足させるやり方だ。それはもともと現状追認なので、現状から抜け出せない。政治家で「予定調和」という人もいる。最初から筋書きが決まっているのなら、その政治家の役割はいったい何なのだろうか。

笑ってしまうのだが、「役人の壁があるから難しい」という政治家がいた。そもそも役人の壁を壊したり改善するのが政治家の役割ではないのか。大臣経験者がそういうことを平然というのだ。

私がみていると、田中角栄(たなかかくえい)首相と大平正芳(おおひらまさよし)外相（当時）が日中国交回復を成し遂げたのはリーダーシップを十分に発揮した例だと思う。その前に岸信介(きしのぶすけ)首相（当時）が日米地位協定を変えようとしてアメリカの逆鱗に触れて辞めざるを得なかった経緯がある。日本にもそれなりの人物がいたのだ。

吉田茂(よしだしげる)に関しては、私自身が立派だと思うのは戦前戦中の軍国主義を徹底的に排除したことだ。その一方で、サンフランシスコ講和会議や日米安保条約といった、アメリカに従属的な体制をつくった。

戦後の宰相をみていると、1970年代の後半まではリーダーシップを発揮した人物がいたのではないか。大平正芳が首相在任中に亡くなったのが1980年だったが、人との対話力もあり、彼は並外れた読書家だった。中曽根康弘も読書家だった。政治家はそういう見識を蓄積することが重要だ。人の話をよく聞き、書物を読んで、人間関係を大事にするのだ。

個人の資質も組織も劣化した

日米同盟のなかに軍事同盟は入っていないと発言してアメリカの顰蹙をかった鈴木善幸は1980年に総理大臣になるが、この人のあたりから問題が顕在化したと思う。鈴木善幸は自民党総裁に選出され、新内閣を発足するに当たって党内の融和と結束を重視して「和の政治」を政権の基本姿勢にした。民主党政権最後の政権を担った野田佳彦が党内選挙で代表に選出されたとき、対立を解消して「ノーサイド（試合終了）にしましょう」と対立陣営に呼びかけたのもその流れだ。

政治家は政策論で争う。侃々諤々の論争をして、どちらが正しいのかを国民に問う。その様子を国民に見てもらって判断を仰ぐのではないか。それを「和の政治」とか、「ノーサイドにしよう」というのは政治家の使命を忘れている。政策を国民に問う必要があるのだ。

高度経済成長期の末期あたりで豊かになり、日中国交回復や日米安保も一区切りつき、自民党政権もほっと一息ついて、どこかで改憲政党から看板を下ろしてしまった。当時の社会党もあまり護憲をいわなくなって、おかしくなったのが1980年頃だったと思う。

その後も中曽根康弘が出てきたし、小沢一郎もいた。小沢一郎は検察審査会との闘いで裁判には勝ったが、政治生命はほぼ終わってしまった。ニューヨークタイムズの東京支局長のマーティン・ファクラー氏が、「こんなバカげたことがあってよいのか」と書いていた。彼もまた1980年頃から日本は全体的に劣化したと思っているのではないか。

S・ジョブズのリーダーシップ

私は役人時代、政治家と接触があったから政治家をあげたが、民間ならアップルのスティーブ・ジョブズがリーダーシップを発揮した経営者だろう。先の分類でいえば、ソーシャルネットワークを変革し、世界に大きな影響を与えたという点で「間接リーダー」であり、彼自身がアップルを率いてアップルを変革した点で「直接リーダー」ということになる。ジョブズは、映画、音楽、ソフト、ハード、デザインのすべてに精通し、それらの知識を総合的に束ねた。彼は第一線の技術者、科学者を集め、彼らと直接的な対話を繰り返し、自らの信じる方向に引っ張っていった。

彼は、ハードウェア、ソフトウェア、デバイス、映画、音楽の合法的なダウンロード、著作権の問題の取り扱いなど、ソーシャルネットワーク・ビジネスを有機的に組み合わせ、かつ簡便なシステムを開発した。日本企業が部品の供給にとどまったり、著作権の使用料にこだわったりする姿勢と大きく異なる。これらが、日本のソニーやパナソニックなどとの差になって現れたと考えられる。

彼は子どもの頃から電器製品、コンピュータ、デザイン、宗教、思想などに強い探究心を示している。彼の創造性は、こうしたたゆまぬ経験と思考から学び、習得されたのだと思う。ソーシャルネットワークに革命をもたらす偉人は一朝一夕には輩出されない。彼の生涯をみると、彼自身の独創性や信念だけでなく、彼の周りに集まった多くの人々からの刺激、強力と競争によって、彼のリーダーシップがつくられていることがわかる。

アップル社をトップがはるか上に君臨する組織ではなく、風通しが良い組織にした。彼自身がいろいろなことを山ほど知っていた。コンピュータの仕組みを知っているし、ソフトの内容を知っているし、デザインを知っているし、コミュニケーションのしかたも知っている。

その一方で、コミュニケーションが下手といえば下手で、すぐに対立して喧嘩を始める。いちどアップルから追い出されて戻ってくるが、不屈の精神がある。日本ではほとんど見られないタイプの経営者だ。

ジョブズが太っ腹なのは、ウォルター・アイザックソンが伝記『スティーブ・ジョブズ』を書いたとき、顔写真を使ったカバーのデザインに注文をつけただけで、内容についてはいっさい口を出さなかったことだ。そのうえで、ジョブズ自身の悪口をいう人に会って書くようアドバイスをして、自らアポイントメントまでとったという。

ジョブズは現代の日本の縦割り組織とまったく相反する生き様をしてきて成功した人間なので、反面教師としても、大いに役に立つはずだ。

近代黎明期のリーダーたち

かつては日本にも、社会変革を目指して強いリーダーシップを発揮した人物がいた時代

坂本龍馬

があった。とくに江戸時代末期から明治維新にかけては、多くのリーダーが現れた。

佐久間象山、渡辺崋山、高野長英らが明治維新後の国家像を形成する先駆的役割を果たした。そして彼らの影響を受けた一人に坂本龍馬がいる。土佐藩の郷士の家に生まれた龍馬は脱藩したあとに、新たな時代にふさわしい政治思想を体系化し、政治的な力を持つ薩摩と長州の指導者らに働きかけた。龍馬は長らく続いた封建的な幕藩体制を打破し、近代国家の姿を構想することができた優れたリーダーだったといえるが、志なかばで暗殺された。

考えてみれば、九州中津藩に生まれ、慶應義塾大学を創設した福沢諭吉も反体制派である上士に抑圧される下士階級に属している。諭吉が『福翁自伝』に「門閥制度は親の敵（かたき）でござる」と書いているが、身分制度打破への強い意志がそのエネルギーの原点だったといえる。

龍馬の暗殺は、幕臣によって結成された京都見廻組によるとされている。社会変革のプロセスのなかで、それを実行しようとする人たちは、既得権者からすると目障りな存在である。当時の既得権者は、将軍や幕臣、各藩の領主や上級武士など土地を所有し、利益を吸い上げる側の人間である。彼らは抵抗勢力となって、もっとも手っ取り早い方法、つまり殺人によって変革を進める目障りな人間を消そうとした。倒幕側でも権力抗争が起こり、幕末から明治維新にかけての変革期には多くの人命が失われたのである。

幕末から明治維新を牽引したリーダーは、さらに大久保利通、西郷隆盛、木戸孝允、伊藤博文、山県有朋など数多いが、後ほど何人かに焦点を当ててみたい。

開国から大政奉還、明治改元、廃藩置県と続く激動のこの時代、日本は優秀な若い人材を欧米諸国の視察や留学におもむかせ、近代国家として歩むための知識を吸収させた。彼らは日本の将来を担っているという強い自覚を持ち、帰国後は各分野のリーダーとなっていった。それは法体系や軍隊から教育制度、郵便、鉄道などあらゆる分野に及び、西洋に追いつけ追い越せと、さまざまなシステムを日本に導入した。そうして急速に近代国家の仲間入りを果たしていったのである。

明治期の政治的リーダー

近代以降の日本の政治的リーダーとして、まず伊藤博文があげられる。幕末の長州藩に生まれ、吉田松陰の松下村塾に学んだ彼は、天皇を敬い、外的を撃退するという

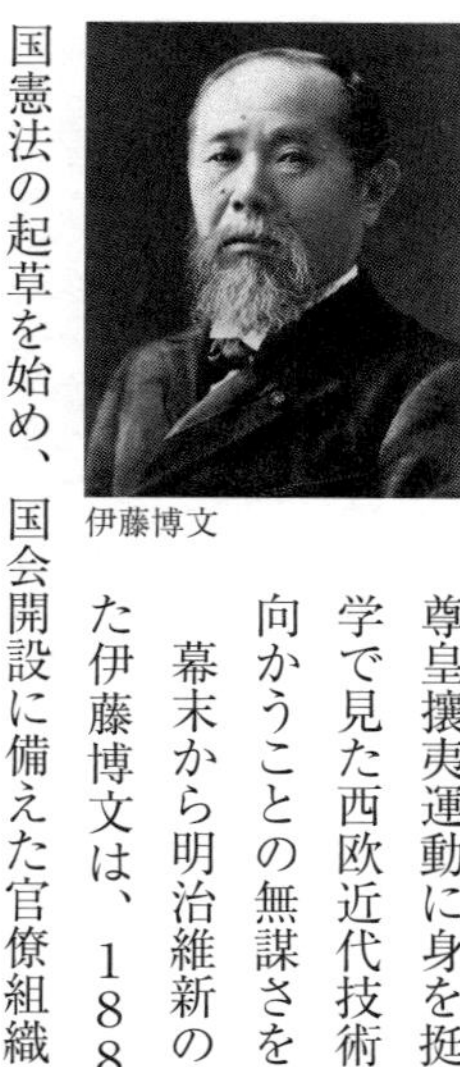
伊藤博文

尊皇攘夷運動に身を挺した。しかし、１８６３年のイギリス留学で見た西欧近代技術の圧倒的な力を前に、武力で欧米に立ち向かうことの無謀さを知った。

　幕末から明治維新の激動期を経て、明治政府初代首相となった伊藤博文は、１８８５年に内閣制度を創設した。大日本帝国憲法の起草を始め、国会開設に備えた官僚組織の整備、市町村制の確立、小学校から帝国大学までの教育体系の整備など、近代国家としての基礎づくりに力を注いだほか、日本初の本格的政党「立憲政友会」を結成し、初代総裁として政党政治をリードした。現代と比較すると封建的色彩がまだ色濃く残っているとはいえ、彼がアジア初の立憲体制をしき、民主主義のいしずえを築いたトップランナーであった。

　外交面では日清戦争を勝利に導いた立役者でもある。また、ロシアとの宥和政策をもくろんでいた伊藤は、日露戦争の開戦前の対露交渉から戦後処理まで奔走した。しかし、日露戦争後の１９０９年、韓国統監府の初代統監となった彼は、韓国の独立運動家、安重根に暗殺された。韓国では、今も豊臣秀吉と伊藤博文が日本の二大悪党とされている。朝鮮半島にある韓国は地政学的に、大陸の中国（元、明、清など）が隆盛を誇っていたときは実質的に中国の支配下に、中国の国力が韓国併合(へいごう)で低下したときは日本の韓国に対する影響力が強まった。それが豊臣秀吉の朝鮮出兵であり、伊藤博文の統監府設置だった。少なくとも伊藤博文の意図は豊臣秀吉とはまったく違っていた。独立を維持しながら文化や産業を育成し、親日国家とすることだった。豊臣秀吉と同列にされるのは、伊藤博文にとっては心外かもしれない。アジアにおける立憲君主国家としての道を開いた業績か、植民地支配の象徴とされた。

伊藤博文と同郷で、やはり松下村塾に学んだ山県有朋は、高杉晋作(たかすぎしんさく)が創設した奇兵隊に入って軍人としての頭角を現した。明治期に、欧米の軍事制度を視察し、日本陸軍の基礎を築いた徴兵制度を導入したのも山県だが、当時の緊迫した国際情勢をみると、国民皆兵の徴兵なしに日清・日露戦争の勝利はなかったかもしれない。

山県有朋

しかしその結果、軍部の力が肥大化し、最終的には第二次世界大戦の敗北にもつながった。とくに山県の場合は陸軍に目を向けたあまり、海軍や海軍国であるアメリカとの関係に十分な配慮を払っていなかったのではないだろうか。山県についても、歴史的な評価が分かれるところだ。

原敬

薩摩・長州出身者を中心とする明治政府にあって、私の故郷である岩手県出身の原敬は異色の経歴をもつ政治家といえる。

盛岡藩重臣の家に生まれた原は、明治期に入ると経済的な理由により上京し、カトリック神学校で苦学した。新聞記者、外務省や農商務省の官僚、大阪毎日新聞社社長などを経て、1900年に伊藤博文が結成した立憲政友会に参画し、政治家の道を歩むことになる。

1918年、原は政党政治家として最初の首相に任命され、陸軍・海軍・外務省の大臣以外の閣僚はすべて政友会員を当てるという本格的な政党内閣を組織した。しかし、入閣者は政党中心の政治を行わず、政権運営を容易にするため藩閥勢力とあまりにも妥協し、政党政治の発展の芽を摘んでしまったとの批判がある。原は、爵位を辞退したことから「平民宰相」として世間に歓迎されたが、実業家として敏腕をふるった経歴をもつ。

原内閣は、第一次世界大戦後の好景気を背景に、国防の充実、教育の振興、産業の奨励、交通機関の整備という四大政綱を推進した。とりわけ地方鉄道の整備は、「我田引水」ならぬ「我田引鉄」と呼ばれ、今も引き継がれる利権構造を生んでもいる。しかし、1921年に東京駅で暗殺されるまで、彼が日本の民主政治に果たした役割は大きい。

明治・大正期の「間接リーダー」

幕末の志士として活躍した高杉晋作、明治維新の立役者となった伊藤博文、山県有朋らは、吉田松陰の私塾である松下村塾で学んだ。吉田松陰は「東洋道徳・西洋芸術」という概念を提唱した佐久間象山の弟子である。

吉田松陰

高杉晋作

佐久間象山

「東洋道徳・西洋芸術」とは、道徳や社会政治体制面では伝統を維持しつつ、科学技術面では西洋のものを積極的に取り入れようという考え方で、明治期の「和魂洋才（わこんようさい）」に引き継がれている。

佐久間象山は尊王攘夷派に暗殺され、吉田松陰は安政の大獄に連座し、死刑に処せられたが、彼らの思想は幕末から明治維新にかけて活躍した人々の精神的な拠（よ）りどころとなって生き続けた。

明治期の思想家、評論家として活躍した中江兆民は、フランスの思想家ジャン＝ジャック・ルソーを日本

中江兆民

吉野作造

に紹介し、自由民権運動の理論的指導者であった。若き日の原敬は、中江兆民の仏学塾で学んでいる。また、大逆事件で処刑された社会主義者、無政府主義者の幸徳秋水は、中江の愛弟子であった。

大正期の政治学者、思想家として活躍した吉野作造は、東京帝国大学で政治史を担当した。デモクラシーを「民本主義」と訳し、大正デモクラシー運動の立役者となった。

吉田松陰、中江兆民、吉野作造は、自らが力をふるうのではなく、その言論と思想で社会を動かす「間接リーダー」として、明治・大正期を導いたのである。

間接リーダーもいなくなった

今の日本に間接リーダーと呼べる人物がいるだろうか。価値観が多様化している現代社会では、昔ほど政治や社会に強いインパクトを与える思想は出現しないかもしれない。

さらに、日本人の民主主義の考え方を分析したり、富の配分や社会制度について提言している日本の思想家や社会学者はいるだろうか。あるいは田中角栄の『日本列島改造論』、小沢一郎の『日本改造計画』などには、何か思想的な裏付けがみえるだろうか。具体的な政策案は政治家に委ねるにしても、日本の哲学者や大学教授は、その根幹となる思想を論理的にきちんと示しているだろうか。

アカデミズム（学術研究）は、権力に対してチェック機能を持たねばならない。為政者（いせいしゃ）に対する批判精神を失ってはいけないのだが、首相や省庁の大臣が設置する審議会などは、為政者に迎合する御用学者が多いようだ。思想的なリーダーシップがいないと、政治的なリーダーのポテンシャル（潜在能力）も上がらないのである。

思想的なリーダー（間接リーダー）は、地道な研究を進め、そこから一般論に敷衍（ふえん）して思想的に展開することが基本になければならないと思う。日本は職人的な生産技術では優れているが、哲学や思想の面では西洋社会に大きく後れを取っているように見える。日本のアカデミズムが、政治やビジネスの世界と遊離していることにも原因があると思う。

だから大学の研究が、重箱の隅をつつくような極めて狭い範囲の研究に没頭したり、実用性が乏しい研究や現実にはあり得ないモデル分析をする例もみられる。研究の目的が文部科学省などの科学研究費をいかに多く獲得するかに向けられるからだ。手段が目的化し、社会の改革や真理の探究に貢献するという本来の目的から外れているのだ。

また、研究者や学者は政府に対して日本の利益と将来のために、ときには厳しく発言・提言することが重要なのに、政府の審議会の委員になることが名誉とはき違えて、政府の下案をそのまま支持することが往々にして見受けられる。

独裁者とリーダーの違い

独裁者とリーダーの違いは何か。この質問は私が「リーダー論」を教えていた政策研究大学院大学の授業でも外国人の学生からよく受けたが、一見簡単なようで、その区別は非常に難しい。たとえば、ウィンストン・チャーチルとヒトラーを比べた場合、ガンジーは明解にいった。

「インド人にとってヒトラーは何の影響もなかったが、チャーチルは多数のインド人を弾圧した」

ヒトラーは何百万という人を殺したが、ルーズベルトもアメリカ人を戦争に駆り立て、マンハッタン計画で原爆をつくらせた。そして、広島と長崎に原爆が投下された。ということは膨大な人殺しに荷担したということである。ルーズベルトは選挙で選ばれた大統領だが、ヒトラーも最初は、民主的プロセスで首相に選ばれている。しかし、ヒトラーは典型的な独裁者とされている。その差は何なのか。突き詰めて考えると本当に難しい。

第二次世界大戦の戦勝国であるソ連のスターリンは、犠牲にした自国民の人数でいえばヒトラーより多い。ドイツ人は５００万人が死んだが、ソ連は２０００万人死んでいる。中国の国民党と共産党が戦った国共内戦でも中国人同士が膨大な殺戮（さつりく）を行っている。

リーダーと独裁者は何が違うのか、これは永遠の疑問として残ると思う。

第2章

偉人伝は人生論の宝庫

私が子どもの頃は偉人とされる人の伝記をよく読んだものだ。徳川家康、野口英世、湯川秀樹、松下幸之助、シュヴァイツァー、ワシントン、ガンジーなど枚挙にいとまがない。将来、自分もそんな人間になりたいと思った。

大人になってから読む偉人伝は、自分が窮地や岐路に立ったときに、あの人ならどんな選択をするだろうかと考えるときのヒントになる。私たち一人ひとりは違う状況に置かれているが、人生の基本構造は時代と国境を越えて共通しているからだろう。偉人伝には学ぶことが多い。

野口英世

湯川秀樹

松下幸之助

「世のため人のために貢献したい」

私が政策研究大学院大学で教えていた留学生のなかでも優秀な学生は、「世のため人のために貢献したい」という目的意識がはっきりしていた。目的意識をはっきり自覚できる状況におかれているのは幸運なことだ。終戦直後の、日本の国家公務員が廃墟になった国を復興させなければならないという思いに通じるところがある。

アジア各国の国家公務員でもある留学生たちに共通しているのは、日本でも戦前から終戦直後に読まれていた伝記をしっかり学んでいることだ。偉人伝といったらいいだろうか。自国の偉人だけでなく、外国の偉人についても学んでいる。伝記というのは、実在の人物に関して、生き方や苦労話、その業績について議論し、研究し、学ぶことができる格好の素材だ。

私たち自身は、そういう偉人たちのような人生を生きられなくても、困難をどう乗り越えたか、どのようにして業績を成し遂げたかを知ることは大事だ。偉人たちはけっして幸福な人生ではなかった。最後は殺されたり、家庭的に問題をかかえたりしている。しかし彼らは社会や国家に貢献したという自らの心の満足感が得られたのではないか。そしてそれが何物にも代えがたかったのではないか。

マハトマ・ガンジー、ジョン・F・ケネディ、マーティン・ルーサー・キング・ジュニア（以下キング牧師）とネルソン・マンデラも、危険な目にあったり、亡くなったり、家族と別れたりしている。世のため人のために生きると、世間でいう幸福な晩年がほど遠くなるようにも思えるが、心の平穏があったのではないか。

世の中に奉仕することは、自分の家族を犠牲にすることもある。キング牧師は家族の結束を大事にしたと思うが、家族に対する外からの物理的な危険を増したことは事実だ。そういう生き様を知ることが、自分自身の生き方の参考になる。

日本にも歴史の試練のときにそういう人がいたから、今の日本があるのだ。明治維新で高野長英、吉田松陰、坂本龍馬、大久保利通といった偉人がいったい何人殺されたことか。名もない人物を加えると無数の人物の死が基礎にあって現在の私たちの社会があるが、それを私たちが認識しないのは残念なことだ。教育の問題ではないか。

私も二宮尊徳（にのみやそんとく）、和井内貞行（わいないさだゆき）、シュヴァイツァーなどを学校の教科書で知ったが、今の教科書にそうした偉人伝がどれほど載っているのだろうか。そうした偉人は困難に直面し、苦労を重ねた末に志を果たしている。

イタリアでは19世紀のイタリア統一運動の立役者の名前は、ローマの広場、道路、モニュメントなど至るところに残されている。アメリカは、国家に貢献した人たちの名前を空港や大学名として残している。これで業績のある歴史上の人物に感謝する気持ちを高める。戦後も日本復興を目指して新幹線工事やダム工事に携わって命を落とした人は少なくない。そうした自己犠牲をいとわなかった人について学び、それを自らの血肉にする必要がある。

途上国の学生は、マハティールやマンデラ、ガンジーなどの伝記を読んだり、先進国のマーガレット・サッチャーについて調べたり、人物論を熱心に勉強している。東欧のハンガリーやチェコ、ポーランドでも学生は自国の偉人について勉強しているが、今の日本の若者も、日本や世界の偉人を何人か選んで伝記を読んでおく必要がある。ハッピーエンドよりむしろ厳しい末路をたどった人が多く、当時にすれば長命だった徳川家康も妻と長男を殺されている。豊臣秀吉も亡くなったあとは一族が抹殺されている。それ程のリスクがある生き方をすることはわれわれにはまずないが、自分が何事かを成し社会・会社に貢献しようとすれば、多少のリスクを覚悟する生き方が必要なのだ。

人に語れるものを持っているリーダー

私が政策研究大学院大学でリーダー論を教えていたとき、マーガレット・ミード、ロバート・ハッチンズ、ジョージ・マーシャル、ロバート・オッペンハイマー、ガンジー、キング牧師、サッチャーなど世界の13人のリーダーを取り上げ、それらの人々を「直接リーダー」と「間接リーダー」とに類型化した『「リーダー」の肖像―20世紀の光と影』（ハワード・ガードナー著）を講義の参考に使用していた。

何事かを成し遂げた人の伝記は、苦あれば楽あり、山あれば谷ありでストーリー性に富んでいる。とくにその人が自分の人生にどのようなストーリーを持って生きていたのか、そして窮地におちいったときに何を考え、どう行動したのかを知ることは、リーダーとしての資質を考えるうえで非常に示唆に富む。

そうしたリーダーに共通しているのは、人に語れるもの、ストーリーを持っていることだ。自分の体験談なり、信念なり、理想なり、人に語って聞かせ、飽きさせない内容があるのだ。逆にいえば、トップにいるのに語れるものを持っていない人はリーダーではなく、ボスか親分ということになる。

そのストーリー性は子どもの頃の成長過程に必ず根がある。子どもの頃に強烈な体験をして、その経験が生涯を通して原点になったのだと思う。その成長過程の経験に根ざして、よい家庭に育ったにしろ、反面教師の例となる家庭に育ったにせよ、いずれにしろどこかで学習する機会があったのだ。

先ほどあげたキング牧師（1929〜1968年）の場合は学校の成績がきわめて優れていたわけでなかったが、アファーマティブ・アクション（積極的差別是正措置）によってボストン大学の神学部に進学した。次第に自分の範囲を広げる過程で、自分のストーリーをほかの人にも合わせながら移し替えていく。リーダーになるためにはそうした能力が必要だ。能力は生まれついたもののほかに、学校教育以降に自分で獲得するものがないとダメだ。強固な意志も必要だ。何かを成し遂げようという意志の力、そして他人と協調するけれど、決して曲げられない基本原則を必ず守っている。

キング牧師

公民権運動の始まりは、アラバマ州のモンゴメリーで、黒人であるパークス夫人がバスに乗ったとき、空いている中間席に座ったことだった。当時、南部では人種分離法が施行され、バスの座席は白人優先という決まりだった。バスが混んできて席に座れない白人が出てくると、バスの運転手がパークス夫人に席を譲りなさいといったが、彼女は拒否したため、運転手が警察を呼び、彼女は逮捕された。この事件に黒人たちは猛反発した。

ボストン大学の神学部を卒業し、モンゴメリーの教会に赴任していたキング牧師が、「お前は地元と縁が深くないから、却っていい」といわれて、この運動に関わるようになり、バス・ボイコット運動が広がっていった。キング牧師はこの公民権運動で徹底して非暴力を貫いた。

彼は2回殺されかけ、3回目に殺された。テネシー州のメンフィスで、ならず者の白人に射殺されたのだ。最初の危険は自分の家に爆弾を仕掛けられた。そのときに奥さんのコレッタの父親が「お前は子どもと一緒に、しばらく実家に帰ってこい」と避難することを勧めたが、コレッタは「いや、この人は私がいないと何もできない。私が心の支えだから。爆弾を受けたら、そのときはそのときよ」と残った。

自分が物事を動かしていくと事態は進展するだけでなく後退することもあるが、それに合わせる能力も必要だ。そして常に新しく自分を主張していかなくてはならないが、何の保障もない。当たり前のことだけれど、成功し、失敗し、また戻って成功を目指す。戻り方によっては前に出なければならないし、反発が大きければゆっくり戻すしかない。そうしたことが、『「リーダー」の肖像』の最初と最後に書いてある。

この著者が一番いいたいことはストーリー性だ。この本で一番訴えたいのは、自分が語ることに話の筋や内容を持つこと。これに尽きると思う。それぞれのリーダーがストーリーを持っているのだ。

専門分野を極め、社会に影響力を持つ

マーガレット・ミード（1901〜1978年）という文化人類学者が『「リーダー」の肖像』の最初に出てくるが、専門的な仕事をした人が専門分野を極めて、それからだんだん社会に影響を持つようになった人として扱われている。

ミードの場合、最初はサモアに行ってサモア人の生活を観察した。サモア人がゆったり過ごしているのを見て、文明化したアメリカの生き方、家族関係がいろいろひずみを持っていることを感じた。それを比較対照して、今のアメリカがいいのだろうかと世の中に問いかけ、自分の専門からもっと一般的な広い分野について発言をすることになる。女性問題や家族、子どもの教育、社会における職業、生き方の選択などについて発言し、人間と

しての社会的評価が非常に高まった女性だ。

晩年はオーストラリアのある専門家から、ミードの行ったサモアでの研究は問題だったと批判され、ある程度権威が失墜する。足を引っ張る人が出てきて、最後は幸福でない終わり方をしているが、ほどほどのよき最期だったかなと思う。

原爆の開発者は核の使用に反対した

ロバート・オッペンハイマー（１９０４～１９６７年）はニューヨークのユダヤ系ドイツ人の家庭に生まれた物理学者で、非常に頭がよかった。彼自身は物理学が非常に得意だった。最初にアインシュタインが原爆の可能性を導いたが、オッペンハイマーはアメリカが最初の核兵器をつくるマンハッタン計画の指導者になる。科学者を束ねて自由な議論をさせながら計画を遂行して原子爆弾の完成にこぎ着けた。

原爆を開発したのはいいが、使用することには反対した。そのときはすでに日本に2発の原爆を落としたあとだったが、原爆の使用に反対したために、アメリカ政府から共産党色が強い〝赤の思想〟を持った人物として非難され、晩年は社会の表舞台から後退した。いわゆるマッカーシー旋風の犠牲者である。それでもプリンストン大学の研究所の所長として終わったので、まあまあの人生だったと思う。たぶん原爆使用に反対しなかったら、生涯にわたってアメリカ国内で称(たた)えられて生きただろう。

この人は専門分野を持って、それをベースに世の中一般に影響力を行使する生き方をした。しかし、この人は自分の良心から、原爆の使用を反対することをやめることができなかったのだ。

ロバート・オッペンハイマー

アカデミズムで闘った学者

ロバート・ハッチンズ（1899～1977年）という人は、イェール大学の法学部で学ぶが、法学部で学びながら裁判や法学部の授業内容の問題点を指摘した。訴訟を学ぶことは対応であり、あくまでテクニカルにすぎないと指摘した。イェール大学の法学部はハーバード大学の法学部と並んでアメリカの法曹界を支える双璧だが、職業的側面だけを教えて、知的生産性はないと批判した。私もイェール大学のビジネススクールで学んだが、技術論は教えてくれても、哲学とか人生とはなんぞやということについてはもっと教えて欲しかった。

若いうちは職業的なスキルを教えてもらうことで満足するが、ロバート・ハッチンズはたぶん早熟だったのだろう。そういう発言を繰り返していたところ、30歳のときにシカゴ大学の前学長から大学を立て直してほしいと要請されて学長になり、基礎原理とか、古代ギリシアや古代ローマの古典に還る、知的な思考力を身につける教育を導入しようとした。人間がスポーツとか職業教育を獲得したところで、レベルの高い人間にはならないということで大鉈（おおなた）をふるうのだが、専門的知識を教え、研究対象にする780人の教授陣を前に闘うのは大変なことだった。大きな抵抗に遭遇した。

近代的な会社組織とは

アルフレッド・スローン（1875〜1966年）はコネチカット州ニューヘイブンの出身でマサチューセッツ工科大学（MIT）を卒業したあと、ボールベアリングを製造する会社を興して社長になった。当時は自動車産業の勃興期で、フォードがT型フォードの爆発的ヒットで先頭を走っていたが、アルフレッド・スローンのボールベアリングの会社が小さな自動車メーカーと合併したのを機に自動車業界に参入し、中小の自動車メーカーと合併を繰り返してGM（ゼネラル・モーターズ）の経営基盤を築き、フォードを追い抜き、世界最大の企業にもっていった。

彼の業績の一つは、初めて近代的な会社組織をつくりあげたことだった。つまり、トップは本社にいながら現場に権限を委譲して、相互関係を十分に働かせることでGMを大きくした。現代の会社組織の生みの親ということができる。

若いときに猛烈に勉強し、仕事にも情熱的に打ち込むことが必要だ。そういう仕事に出会えるチャンスに恵まれるかどうかは運かもしれないが、私の場合は役人としてプロフェッショナルに国際交渉に打ち込めたのが役立っていると思う。

しかし、今のように労働力の流動性が高い時代、つまりリストラと再就職が頻繁に行われる時代には、一つの会社に20年も30年も勤められる人は少ないだろう。若い人の資質の問題もあるだろうが、会社という労働環境の規制がありすぎる。アルフレッド・スローンが築いたGMも一時国有化されたが、復活を果たすことができた。

アルフレッド・スローン

大統領になったかもしれない陸軍将校

ジョージ・マーシャル（1880～1959年）は「マーシャ

ル・プラン（欧州復興プラン）」の立案者として知られる。第二次世界大戦中、後に大統領になるアイゼンハワーの陸軍時代の同僚で、米国陸軍の双璧といわれた。彼はヨーロッパ戦線で総指揮を執りたいとルーズベルト大統領に願い出たが、ルーズベルト大統領はアイゼンハワーにノルマンディー上陸作戦

ジョージ・マーシャル

（D－デイ作戦）の指揮を委ねた。

ルーズベルト大統領は、失意のマーシャルに向かって「お前がオレのそばを離れたら、オレはどうしていいかわからないからだ」とその理由を語ったという逸話が伝えられている。あまりにも有能で、その能力を高く評価された結果、才能をもっと発揮する機会を失ったのである。もし、マーシャルがヨーロッパ戦線で総指揮を執っていたら、米国内で絶大な人気を博し、トルーマン大統領の次の大統領はアイゼンハワーではなくマーシャルだったかもしれない。

欧州復興プランは、ヨーロッパを戦後の荒廃から復興させることを目的に全ヨーロッパを対象としていたが、独自の決定権がある国々を中心にサポートするということで、ヨーロッパの西側諸国を支援し、東側を差別した。独自の復興を遂げる国に関してはアメリカ

が支援するという計画をマーシャルが1947年6月にハーバード大学で演説したのを機に「マーシャル・プラン」としてスタートした。ときの大統領はトルーマンだった。本来なら「トルーマン・プラン」と呼ぶべきだったろうが、それだけマーシャルの能力や人気が高かった。

この人もマッカーシー旋風が吹き荒れたとき、その対象とされてよい晩年を迎えていない。ソ連の脅威に対して一歩引いて共存することを主張したら、ソ連を利するものだと非難され、赤狩りの標的になったのだ。それに関して、アイゼンハワー大統領は救ってくれなかった。

教会改革に乗り出した教皇

ローマ教皇のヨハネ23世（1881〜1963年）は、本名をアンジェロ・ジュゼッペ・ロンカッリといい、イタリアのベルガモの郊外の小作農の家庭に生まれた。教皇になるまでは地道な人で、バチカンの執行部に逆らわず、コツコツ自分の能力を溜めこんできた。そんな地道な人が、本当に偶然によって76歳のときにローマ教皇に選ばれてしまった。バチカンは権威主義で、信徒たちにひれ伏され、献金を受ければよしとする司教や枢機卿（すうききょう）が大半だが、コツコツ勉強して教皇になったヨハネ23世は興味深いことに教会改革に乗り出した。

バチカンには教義の核心を議論する公会議という制度があって、最後に開かれた1870年代から92年ぶりに、ヨハネ23世が招集した。教会としてはまったく異例なことだが、貧困とか冷戦、核兵器の問題を解決できなくて、教会はどんな存在意義があるのかと問いかけ、世界中から集まった枢機卿や司教が議論した。

ローマ教皇というのは、2013年にベネディクト16世が自らの意思で辞任し、辞任は719年ぶりだったとニュースになるほどで、基本的には死ぬまで教皇であり続け、解任されることはない。だから教皇になったヨハネ23世が前例を破って現実世界における教会の役割を見直すための公会議の開催を決断したら誰も反対できなかったのだ。

女性の地位向上に尽力した大統領夫人

エレノア・ルーズベルト（1884〜1962年）は女性の地位向上に貢献した人として世界的に有名だ。アメリカが第二次世界大戦に踏み切ったときのフランクリン・ルーズベルト大統領の妻で、夫の補佐役として大統領を支え、大統領が批判にさらされたときは、自ら擁護を買って出た。しかし、どこかで夫と考えが合わない部分があった。たとえばアメリカが参戦したとき、エレノア・ルーズベルトは参戦に反対だった。しかし、大統領夫人が戦争反対とはいいたくてもいえなかった。そこはファースト・レディの立場と自分の信念を調整しながら、女性の地位向上に尽力した。

夫との関係が良好といえなかった最大の理由は、夫が自分の秘書と浮気をしていて、生涯そのことがエレノアの脳裏を離れなかったことである。裏切られたと感じたのであろう。現実にはどこの夫婦も100％合うことはないわけで、エレノアは自分をコントロールして夫である大統領に尽くした。だからこそ、彼の死後は、女性の地位向上に尽くす自分の主張と考えを発表し、行動する人生を生きた。

エレノア・ルーズベルト

非業の最期を遂げるリーダーたち

キング牧師は1968年に暗殺される。当時、アメリカは公民権運動とベトナム戦争反対運動が盛り上がっていた。キング牧師は公民権運動に関わっていたので、宗教や哲学、人間の生き方には高い理解力と専門性があった。ワシントン大行進でも、その能力を発揮して成果を残した。

ところが、何かを始めると、これをやってくれ、あれもやってくれと依頼が増える。本人も引き受けなければならないという気持ちが芽生える。それでキング牧師はベトナム戦争反対運動にも関わることになった。しかし、自分の専門性以外のことであり、公民権運動に比べて迫力が欠けていた。ストーリー性も薄くなった。

キング牧師は1968年にジェームス・レイという人種差別主義者にメンフィスでモーテルのバルコニーにいたところを射殺されるが、その2カ月後に大統領候補だったロバート・ケネディもイスラム教徒のサーハン・サーハンによって殺される。彼も運動の柱は公民権とベトナム戦争だった。民主党は富を再配分し、貧しい人たちの生活を改善することを党是としているので、医療制度改革も掲げていた。ガンジーの著作もよく読んでいたと伝えられている。

世界に影響を与えた「サティヤーグラハ」

マハトマ・ガンジー（1869〜1948年）はインドの西海岸の州で祖父、父ともに宰相を務めた名門の家庭に生まれ、イギリスで教育を受けて弁護士になった。弁護士として南アフリカに赴任するが、南アフリカは当時もアパルトヘイト（人種分離政策）をとっていた。ある日、ガンジーが鉄道の一等車に乗っていると車掌が回ってきて、「なぜインド人が一等車に乗っているのか」と襟首を掴（つか）まれて、荷物もろとも列車から放り出された。そこからガンジーの闘いが始まった。

南アフリカで人種差別反対闘争を始めたが、自分が闘う場は祖国のインドであると帰国して大きな闘いに加わっていく。ガンジーの有名な闘い方を「サティヤーグラハ」という。サティヤーは「真理」、グラハは「堅持」という意味で、合わせて「真理の堅持」という意味になる。これは「非暴力の抵抗」と訳されているが、要は暴力を使わずに徹底的に抵抗した。暴力を使ってもイギリス軍に負けるし、憎しみを生む。

マハトマ・ガンジー

ガンジーは倫理的にも厳しくて、自分の父が危篤で見舞いに行ったとき、結婚したばかりの若い奥さんとセックスをしたくて、死期が近い父のもとを早々に去った自分を生涯許せなかったと率直に自叙伝に書いている。これは有名な行（くだり）で、とても印象的な記述だった。

イギリスの植民地政府による塩の専売制度に反対して、自分たちで塩をつくろうと「塩の行進」を行った。インド人が自分たちで海水から塩をつくるようになると、植民地政府は違法行為として投獄や虐殺を行ったが、ガンジーは非暴力を貫いた。この抵抗運動をきっかけにガンジーは後にインドの首相となるジャワハルラル・ネルーやパキスタンの建国の父モハメッド・アリ・ジンナーと一緒にインド独立運動を導くのだが、「サティヤーグラハ」は世界中の多くの人に影響を与えた。

その一人が、キング牧師だ。彼も非暴力の闘いをしたが、そのもとになった思想はサティヤーグラハだった。本来のサティヤーグラハは、誤った法律には従わなくていい、拒否する権利があるという意味だといわれている。

ガンジーの時代のインドは、イギリスが本国の都合で法律を施行し、国民は選挙権がないのに重税を課されていた。それに対してガンジーは服従しないというサティヤーグラハを実践した。

そのやり方を踏襲したキング牧師は１９６３年、20万人以上が参加したというワシントン大行進を呼びかけた。

運を味方にした「鉄の女」

マーガレット・サッチャー（1925〜2013年）はイギリスの首相で、強い意志をもって政策を実行したことから「鉄の女」と称された。サッチャーの最大の功績は、フォークランド戦争だとされる。一方的にアルゼンチンがフォークランド諸島を領有宣言したとき、オプションは2つあった。イギリス帝国主義をやめてアルゼンチンの領有を追認するか、自国領土に対する侵略として闘うか。イギリス国内の世論は割れ、労働党は戦争反対を主張したが、サッチャーはアルゼンチンと闘う道を選んだ。

戦争は3カ月続き、アルゼンチン側兵士の投降で幕を閉じた。後にサッチャーはイギリス軍から作戦のブリーフィングを受け、ときには作戦を授けたと語っている。フォークランド戦争に勝ったことで、サッチャーは首相を12年間務めることができた。たまたまアルゼンチン軍が弱かったから3カ月で片がつき、イギリス軍の犠牲を最小に抑えることができたのは運だった。そういう意味でサッチャーは幸運に恵まれていた。

同時代のアメリカ大統領はロナルド・レーガンだった。レーガン政権は財政縮減を柱とするレーガノミックスを行ったが、サッチャーのサッチャリズムも新自由主義を掲げて、電話・ガス・空港・航空・水道等の国有企業の民営化や規制緩和、金融システム改革を行った。同じ政策をとるレーガンの強固な支持を得ることができたのはラッキーだったが、運不運は自分ではコントロールできないから、天の采配としかいいようがない。しかし、彼女も晩年は自分の息子の件で悩むことになる。サッチャーは1990年に首相を退任するが、息子のマークは2004年に当時居住していた南アフリカ共和国で、赤道ギニアのクーデターを企んでいた傭兵(ようへい)に資金援助を行った容疑で逮捕されたが、200万ランド(約4000万円)の保釈金で保釈され、イギリスへの帰国を認められた。この処理に関してサッチャーは影響力を発揮したと伝えられている。

EUの産みの親の幅広い見識

ジャン・モネ(1888~1979年)はフランスの経済学者で外交官だが、日本では馴染みがない。この人は理想主義者だと思う。ヨーロッパは歴史が長い。紀元前7~6世紀頃から紀元後5世紀まで古代ローマが統一していたが、その後は分裂して、ドイツに神聖ローマ帝国、フランスのルイ14世時代の絶対王政、スペインのハプスブルク家の登場、その間をついたように宗教戦争や30年戦争など紛争や戦争が相次いだ。私たち日本人からすると想像がつかないが、新教徒と旧教徒の争いなどは、織田信長の比叡山焼き討ちを小さく見せてしまう。ヨーロッパは戦争を繰り返し、力を持った勢力が一つにまとめ上げようとした。ナポレオンもヨーロッパを中央集権支配しようとしたが、軍事力で一瞬は支配できても、メッテルニヒらの旧勢力によって元に戻された。分立していたドイツの統一はプロシアが成し遂げたが、それ以上には拡大しなかった。

ジャン・モネは欧州統一によって、ヨーロッパに恒久平和を実現しようとしたのだ。ヨーロッパは第二次世界大戦後、欧州石炭鉄鋼共同体（ＥＣＳＣ）、欧州経済共同体（ＥＥＣ）を経て今日のＥＵとして花開くことにこぎつけたが、そのベースをつくったのがジャン・モネだといわれている。戦後、フランスの英雄、ド・ゴール将軍は「フランスはフランスだ」という国家主義者でジャン・モネとは相容れなかったが、戦後のフランスにはジャン・モネの思想が浸透していった。

この人の特徴は、若いときにアメリカやアフリカへ行き見聞を広めたことだ。さまざまな考え方があって当然だと思っていた。各国の大統領や首相も含めて、いろいろな人にも会っているから、その地位ではなく人物本位で人を見た。それで誰が相手でも、自分の意見をはっきりといった。先ほど触れた「マーシャル・プラン」のマーシャルもそういう傾向があって、ルーズベルト大統領の側近になっても、自分の意見をはっきりいった。

ロバート・スコット

ロアール・アムンゼン

探検家のリーダーシップ

私はイギリス人が書いた『スコットとアムンゼン』に感銘を受けたことがある。イギリス人のロバート・スコットとノルウェー人のロアール・アムンゼンはともに同時期に南極点を目指したが、アムンゼンは先に南極点に到達して無事帰還したが、スコットが南極点に到達したのはアムンゼンに遅れること約1ヵ月で、その帰途に遭難して亡くなっている。1911年から翌年にかけてのことだった。

この2人はよく比較されるが、スコットは悲劇の英雄とされ、アムンゼンはコソコソやってスコットを出し抜き、南極点一番乗りの業績をスコットから奪ったように伝えられている。

ところが、『スコットとアムンゼン』の著者はまったく違うことをいっている。つまり、アムンゼンとスコットの差は、コツコツ努力した人間と、英国海軍で出世の道が閉ざされかけ、何か目立つことをして窮地を脱しようとして、たまたま南極に目をつけた人間として描かれている。当然、準備の差が出てくる。

アムンゼンはノルウェー人なので、ナンセンなど北極圏を体験した探検家から学んで、雪や寒さをどう克服するのか、橇を曳くのに犬がいいのか馬がいいのか、それとも人間が曳いたほうがいいのか、壊血病もあるから食べ物は何がいいのか、どんなコースで船を着けたらいいのか、食料はどんな単位で置いたらいいのか、全部を緻密に計画して準備した。

一方のスコットは、そうした準備をなおざりにして行き当たりばったりだった。

人間関係も、アムンゼンは全体を把握しているので、いろいろな人間をコントロールできた。ところがスコットは部下を掌握する能力が不足し、部下をコントロールできないだけでなく、自分より優れた人間を排除した。スコットのような人間が上にいると、優秀な人間を排除し、人を使いこなせないという2つの致命的な誤りを犯すことがよくわかる。

一方のアムンゼンは自分が足らざるところは人の助けを借りた。

『スコットとアムンゼン』の著者はアムンゼンの名誉回復のために書いたのだと思う。ノルウェーがスウェーデンから独立したのは1905年のことだ。アムンゼンが南極点に到達したのはその6年後になる。独立に当たっては、一人ひとりの国民が腹を据えて闘おうと多くの人が立ち上がり、「ノルウェー、ここにあり」ということを示そうとした。

この時期、ノルウェーからはアムンゼンだけでなく、国家的な英雄が何人か出ている。『叫び』で知られる画家のエドヴァルド・ムンク、『ペール・ギュント』の楽曲をつくった作曲家のエドヴァルド・グリーグ、その『ペール・ギュント』や『人形の家』を書いた劇作家のヘンリック・イプセンらだ。国の独立前後という時代背景があって、国のために貢献したいという人物が続々と登場したのだ。

ノルウェーは人口が500万人前後と少なく、一人ひとりが頑張らなくてはいけないという気持ちがいまだに強い。一方、スコットのイギリスは大国で、19世紀の初頭、ネルソン提督が

ヘンリック・イプセン

エドヴァルド・グリーグ

エドヴァルド・ムンク

率いるイギリス艦隊はナポレオンとスペインの連合艦隊を撃破していた。スコットの頃になると、そのイギリス海軍は形式論におちいり、切磋琢磨して戦争を勝ち抜くより、士官学校の成績をはじめ、酒の飲み方、ワインの注ぎ方、ネクタイの締め方で昇進が決まるようになっていた。ちなみに、第二次世界大戦では、イギリスが誇る戦艦プリンス・オブ・ウェールズはマレー沖海戦で日本の海軍航空隊の猛攻を受けてあえなく沈没する。

日本も日清・日露戦争で勝利すると驕り高ぶって第二次世界大戦で大敗を喫する。そこから這い上がり、息子や娘には苦労させたくないと高度経済成長を築いたが、その息子や娘は繁栄に浮かれてしまう。病根はどこの国も同じだ。

アウンサンスーチーの闘い

アウンサンスーチーは、「ビルマ（ミャンマー）独立の父」といわれるアウンサン将軍の娘で、長兄は体制派につき、次兄は7歳のとき自宅近くの湖で水死している。彼女はインドのデリー大学で政治学を学び、イギリスのオックスフォード大学で哲学、政治学、経済学を学んだ。本当は文学をやりたかったそうだが、それではメシが食えないというので実学を学んだ。

そしてオックスフォード大学の後輩でチベット研究者のマイケル・アリスと結婚して、イギリスで平凡な生活をしていたが、スーチーの母親が病気になったので看病するためにミャンマーに帰国した。1988年のことだった。

久しぶりにミャンマーに帰国したとき、ラングーン（ヤンゴン）の学生たちが軍事政権に反発して大暴動を起こし、多数の学生が虐殺された。彼女はたまたまその現場に居合わせて目撃することになった。学生たちがスーチーのところにやってきて、「われわれの民主化運動の前面に立ってくれませんか」と頼んだが、スーチーはいったんは断った。

しかし、イギリス人の夫が「スーチーは、いつか国の役に立ちたいといっていました」とあとで振り返るように、無益に若い人の血が流れるのは忍びないということで立ち上がった。そしてラングーンのシュエダゴン・パゴダという金色に耀く高さ99メートルの塔の前で演説をする。それ以来、彼女は軍事政権ににらまれ、自宅に軟禁されたり、何度も殺されかけたが、民主化運動に邁進（まいしん）し、非暴力を貫き通した。

欧米など国際社会はアウンサンスーチーの軟禁解除を働きかけ、2010年11月、軍政は計14年9ヵ月に及ぶ自宅軟禁を解除した。ミャンマーは依然として軍政が続いているが、国民にとって本当のリーダーはアウンサンスーチーであると考えるミャンマー人が多い。

親の背中を見て育つ将来のリーダー

ネルソン・マンデラは2013年12月に亡くなったが、27年間も牢獄に入れられ、うち18年間はケープタウン沖のロベン島に収監されていた。27年間も牢獄で過ごし、よく精神的に耐えられたと思う。強靱（きょうじん）な精神力だったのだろう。彼もまた徹底した非暴力で反アパルトヘイト闘争を展開した。ネルソン・マンデラという名前は、英語教師が勝手につけた名前だった。

もともとは現地語で「トラブルメーカー（問題児）」という名前だった。

ガンジーやキング牧師もそうだが、父親が立ち上がる人だった。ガンジーの場合、州で宰相を務めていた父親が、イギリスの統治下で無益で理屈に合わないことをいわれたときに迎合することなく、ちゃんとものをいったために解任されたという。

キング牧師の場合は、父親は農場の使用人だったが、白人の農場の経営管理責任者がよこしまなことをやっていると盾突いた。それで農場の所有者のところに行って訴えたが聞いてもらえなかった。今でいうと社員が社内で見聞した不正を社長に訴えたものの聞いてもらえなかったというところだ。それで父親は、こんなところにいられないといって牧師になる。息子も父親と同じ牧師になり、理不尽なことには徹底して闘った。

マンデラの父親の場合、部族間の争いに介入した南アフリカ政府が当事者を処罰したとき、同じ部族の首長だったマンデラの父親は、それは部族間の問題で政府とは無関係であると抗議した。そのため首長を解任され、食うや食わずという状態になり、親戚のもとにひきこもった。

マンデラ自身も法律学校で退学させられそうになったとき、学校長が「謝れば退学を免れる」と助け船を出したが、「私は悪くない。悪いのは解釈を誤ったあなただ」と拒否し、退学する道を選んだ。キング牧師もマンデラも、そうした父親の姿を見てきた経験が共通している。親の背中が彼らを導いたのである。

「軍産複合体」をコントロールしたケネディ

ジョン・F・ケネディは（1917～1963年）ハーバード大学に裏口入学したといわれているが、成績だけで合否が決められる現代の日本では、とんでもないことだと思われるかもしれない。しかし、日本の成績簿には「世のため人のために尽くす人物になる」という評価がない。

ケネディのような人間が入学したのは、父親が多額の献金をしたに違いない。見方によっては賄賂かもしれないが、ハーバードにしてみれば正規の手続きをしているのだろう。イェール大学でも、何%かは大学関係者の師弟を入学させている。その枠で幅広い人間を大学に入学させて、多様性を維持し、将来社会貢献ができる人材を育成できる。

日本の大学は最近まで100%成績で合否を決めていた。若いうちから大所高所や天下国家を語る人間は率先して入学させられることもなく、良い成績を取って良い就職をして楽をしたいという人間しか通らないことは問題だと思う。

43歳で大統領に就任したケネディは今もアメリカで人気があるが、大統領の時代にも世界平和の樹立など理想を語り、実現しようと努力したからだと思う。核戦争を止めるために核兵器の廃絶を唱えた。だから軍隊の抵抗を受け、彼はうとまれて、あのような悲劇的な最期を遂げたのかもしれない。

キューバ危機のとき、アメリカはソ連からミサイル基地の建設物資を運んでくる輸送船を阻止するために海上封鎖を行い、すわ核戦争かと世界は固唾をのんで見守ったが、回避された。しかし、陸軍や海軍からすると、キューバを徹底的に叩きたかったのではないか。一般に軍人は戦争をしたがるものだが、ケネディは軍人に最終意思決定権をゆだねることを極度に嫌った。ベトナム戦争は、ケネディが生きていたら泥沼に至らなかったといわれている。

在米キューバ人の問題もあるし、軍隊の問題も輻輳（ふくそう）しているし、ソ連との関係もあるし、誰がケネディを暗殺したかわからないが、ケネディ大統領はアメリカ国民から見て筋が通ることをやろうとした。当事者から見れば、軍隊と軍需産業が合体した「軍産複合体」と呼ばれる利権団体の利権をコントロールしたのだ。

足を引っ張られるリーダー型人間

今のままではダメだから現状を改革しようというリーダー型人間はいくつものリスクを背負うことになる。周囲の人にすれば、現状で何とかやっているのだから、うまくいくかどうか覚束（おぼつか）ない改革を始めなくてもいいじゃないかという認識のギャップがある。多くの人は改革が必要だと感じ、そうした論調に賛同しても、自分の身に降りかかる火の粉は避けようとするのだ。

さまざまなリスクがあるが、まず「無視」である。改革を進めようとする人は、周囲からうるさがられ、「もうあいつは放っておけ」と無視される。極端な場合は机ごと外に放り出される。「キャリア開発室」といった部署へ異動になり、閑職に追いやられるのだ。日本の社会では能力がありすぎて排除される人も少なくない。

今の日本社会では必ずしも組織の長や上層部が有能とは限らない。有能な人が却って排除されることは珍しくない。本社勤務のエース級の社員が、突然地方や外郭団体に異動させられることも多い。山崎豊子の小説『沈まぬ太陽』には、航空会社の労組で職場環境の改善に取り組もうとした主人公が世界各地を回された話が出てくる。日本から追い出すことで無視しようというのだ。

次のリスクは「能力の分散」だ。改革を唱える人が有能だとわかると、上司や周囲の人が仕事を山ほど持ってくる。それによって改革に投入する力をそぐ効果がある。本人はそれに気づかず、自分は有能だから多くの仕事を任せられているのだと錯覚する。もちろん仕事を押しつける側は、本人が改革に注ぐ時間を奪うために行うのである。

誘惑、攻撃、そして殺人

改革に取り組もうとする人の3つ目のリスクは「誘惑」だ。女性問題や酒席での失敗で失脚するケースはまれではなく、なかには仕組まれた誘惑のこともある。改革するのが正論であれば、その改革論を攻撃するのは難しい。そこで搦め手から人格を攻撃してくる。政界にリーダー型人間がどれほどいるかわからないが、この種の人格攻撃（スキャンダル）によって力をそがれるケースは日常茶飯だ。

昇進という誘惑もある。上司が抜擢して昇進させたとしても、そのポストは改革とは無関係な部署で、お飾りだったりすることもある。それでは、何の有益な仕事もできない。

４つ目のリスクは「攻撃」だ。あいつは話し方が生意気だとか、態度が悪いといいふらされ、組織のなかで浮いてしまう。仕事を一生懸命して、改革も進めようと懸命な人は往々にして態度が横柄になることがある。

街を歩いていて知り合いに気づかないでいると、「あいつは生意気だ」といわれる。本来の仕事とは無関係なところで攻撃される。逆にいえば、生意気だといわれたことがない人は、懸命に仕事をしたり、本気で改革しようとしたことがないのかもしれない。日本では、揚げ足を取られないように用心したり、周囲への気配りをすることも必要だが、それに気を取られすぎると本質的なことがおろそかになってしまう。

そして最後のリスクが「殺人」だ。これまで紹介してきた内外のリーダーたちは、暗殺という形で最期を迎えたケースが少なくない。暗殺された日本のリーダーの系譜をあげれば、坂本龍馬、大久保利通、伊藤博文、原敬、犬養毅（いぬかいつよし）、高橋是清（たかはしこれきよ）など枚挙にいとまがない。戦前は首相が暗殺されるケースが少なくなかったが、最近は首相を含めて殺されることがなくなった。しかし、首相や大物政治家がアメリカから失脚させられたとみられるケースは少なくないが、これも本質は米国を口実にした日本人による足の引っ張り合いである。田中角栄元首相のケースがそうだが、スキャンダルを流されるなどして政治生命が絶たれるのだ。

組織のなかで改革を目指そうとするリーダー型人間は、こうしたリスクを背負うことを覚えておいてほしい。その可能性をいかに小さくするのか。いわゆる「脇を固める」必要がある。不用意なことで転ばぬようにすることである。

「クジラは持続的に殺せ」

政策研究大学院大学で教えた院生は発展途上国のエリート官僚が多かったが、「あなたたちは大統領や首相のところに行って、ちゃんと立案した政策を意見しているか」と尋ねると、行きたくないという人が多かった。「政治家にちゃんと説明しているのか」と訊くと、やはり行かないという。

オーストラリアのアデレードで開催された国際捕鯨委員会(IWC)総会にて(2000年)

私が「権限を持っている人のところに行って話をしないと、物事は動かない」というと、「行けば必ず叱られる」とか「行けばあれこれ頼まれるから嫌だ」という。政治家や最高の意思決定者に対してフランクにものをいえるかどうかは、将来のリーダーを目指す人にとって非常に大事な要素だ。これは簡単ではない。そこでも人を惹きつけるストーリー性を持っているかどうかが問われるのだ。

私もけっこう首相官邸に行って、歴代の総理大臣ともよくお話しをさせていただいた。私は総理大臣や官房長官、副官房長官とお話しさせていただき光栄だと思うほうだった。一緒に行った人は楽しくなかったというが、ふだん会えない人と会えるのは嬉しい。森喜朗（もりよしろう）総理と会ったときは、「きみがテレビに出ているのをみたが、僕と同じでぶら下がりに弱いよな」といわれた。記者からマイクを突きつけられると、ついしゃべってしまうからだ。森元首相も、そういうときに失言して痛い目にあったことが少なくなかった。

私が捕鯨に関して国際交渉をしていたとき、オーストラリアのテレビ取材でマイクを突きつけられ、しゃべらないと悪いと思って、ついしゃべった。そこで「クジラは持続的に殺せ」といったものだから、オーストラリア国内でも日本のテレビでも紹介された。それを森元首相が見ていたようだ。

海外で体験する人種差別

ガンジーの転機は南アフリカに行って、インド系の住民や黒人の弁護活動をしていたときだ。南アフリカには20年間滞在したが、そこで彼自身も人種差別された。私はコネチカット州のニューヘイブンで2年間過ごしたが、日本がハワイの真珠湾攻撃をした12月7日（現地の日付）前後になると、突然「ジャップ（日本および日本人を卑（いや）しめた差別語）」といわれたことがある。

イェール大学の家族向けアパートで一緒だったスウェーデン人と論争していたときには、彼が不利になると、「日本に3個目の原爆が落ちればいい」といい出した。この人は頭がおかしくなったのではないかと思ったほどだ。外国ではこの種の体験をすることが珍しくない。子どもが思慮なしに差別的な言葉を口に出すこともある。

白人の家のパーティに呼ばれたときは、黒人の悪口をさんざん聞かされた。もし私がいなかったら、同じように日本人の悪口をいっているのだろうと思う。とにかく、世界にはいろいろな考えを持った人がいるので、そういう人にさらされていると、少々のことでは驚かなくなった。

日本は均一化されている社会だが、家庭内の男女の役割は時代とともに変化していて、私が自宅で食後に食器を洗っているというと、70代の日本人女性に、「えっ、小松先生が家事をするの⁉」と驚かれた。おそらく1950年代生まれの私の世代を境にして、男女の役割分担が大きく変わりつつあるのだろう。

日本にもいたリーダーたち

第1章でも触れたが、明治維新から明治期にかけて、日本のリーダーと呼ぶにふさわしい人物をあげる。大久保利通、木戸孝允、西郷隆盛などあまた輩出したが、誰が一番長く、実質的なリーダーシップを発揮したのかという視点でいうと、伊藤博文（1841〜1909年）をあげたい。

その伊藤博文は歴史小説で取り上げられることは少ない。理由ははっきりしている。最後は韓国統監府の初代統監だったからだ。日韓関係に悪影響を与えたということで、この人の功績を評価しないのだと思う。韓国の統監を別な人に任せて引退していれば、伊藤博文は日本一の偉人になっていたのではないかと思う。

伊藤博文は初代総理大臣を務め、大日本帝国憲法を制定して、封建制度から立憲君主国家にした立役者だ。大隈重信が外務大臣として不平等条約の改正ができなかったのを、伊藤博文は井上毅などを使って条約改正に成功した。立憲政友会の初代党首になって、憲法にもとづいた政党中心の政治を実現した。明治の政党政治は天皇に指名される形をとっているので限界はあったが、それでも天皇は多数党の党首を指名した。民主主義の第一歩を踏み出したとも考えられる。

戦後、リーダーシップを発揮した政治家では吉田茂（1878～1967年）をはずせない。吉田茂の最大の功績は、GHQによる占領支配から脱して独立を果たしたことだ。

吉田　茂

いろいろな意味でアメリカ人が考える理想主義をGHQの間接統治で実現したのが占領下の日本だった。婦人の参政権、個人の平等、議院内閣制、憲法の条文の戦争放棄は理想主義の最たるものだ。もう一つ、GHQが行った重要なものが軍国主義と超国家主義の排除だ。それは軍隊の廃止、農漁村の民主化、農地改革、財閥解体、教育改革などで実現する。

吉田茂がサンフランシスコ講和条約を結んだときに忸怩(じくじ)たる思いがあったのは、一つは日本が独立後、経済復興を果たして経済に重点を置いた国づくりをすることにしたが、軍事力を持ってふつうの国になる、つまり防衛力を持つ国家にすることを先送りした。先送りした部分については、自由民主党が1955年体制で明確な綱領として入れ、本来なら憲法を改正して軍事力を持つ国家になるはずだった。日本は良い部分も悪い部分も含めて、いちど決めたことをなかなか修正しない国だ。だから吉田茂が決めた経済主義を柱にした政策を見直せない。

今から憲法を改正するのは、衆参両院それぞれの3分の2以上の議員が発議に賛成し、国民投票の過半数を必要とするので、実質的に不可能に見える。しかし、アメリカは憲法改正のハードルが日本よりもっと高い。修正の発議には連邦議会の3分の2の賛成による発議と全州の4分の3の州議会の賛成が必要である。これまで1万158件の発議があり、6度も憲法修正を成立させている。吉田茂とマッカーサーが決めた体制がずっと残っているという意味では、吉田茂は功績と弊害の双方が大きい。現代の安保法制も自民党の結党の目的に鑑み憲法改制の手順を踏むことが正統であろう。

見事だった関東大震災の復興

私の郷土である岩手県の先輩の後藤新平（1857〜1929年）の名言もいろいろある。「とにかく疑惑（考えている間）があったら行動せよ」、「話している時間があったら行動せよ」といっている。

彼の奥さんの父親が、熊本出身で各地の県令を務め、北海道庁長官になる安場保和だったことから、その引きを受けて出世する。最初は愛知県の病院長になった。今でいうとイケメンだったので、若い女性が病院に押しかけたという。そしてドイツに留学し、台湾の民政局長になったときは、新渡戸稲造を招聘してアヘンを追放する。日露戦争後には、満州に鉄道を敷いて利権を盤石なものにする南満州鉄道の初代総裁になる。

後藤新平

その後、外務大臣、東京市長を経て、66歳のとき関東大震災が起こる。後藤新平は大震災翌日に内務大臣に就任して震災復興計画をつくり、合わせて帝都復興院の総裁になる。

当時の41億円がどれほどの金額か想像もつかないが、今でいうと４１０兆円でも足りない。今の国家財政が90兆円から１００兆円なので、東京の復興は年間予算をすべて注ぎ込んでもできない。

関東大震災の復興予算が国会を通るときに、東京に大規模な土地を持っている国会議員等々の反対にあって予算額が13億円に削られ、さらに執行自体は8億円にされた。今ある上野公園や白山通り、昭和通り、日比谷公園などは後藤新平が計画した施設の名残だ。

当時の反対派は、「復興」などと立派なことをいわず、一刻も早く「復旧」させなさいといった。東日本大震災でもそうだが、地元はみんな復旧だ。東京では復興といっているが、地元は「そんなことができるわけがない、一刻も早く復旧してください」という。

私も新潟県中越地震（２００４年）の被害を受けた山古志村（現長岡市）と、北海道南西沖地震（１９９３年）で津波被害を受けた奥尻島に行ったが、復旧はできているのに歯が欠けたように人口減少に拍車がかかっている。東北も土木工事で、道路や土地のかさ上げを行い復旧したところで、産業の復興のビジョンがあるとは思えない。これでは若者の働き口もなく、人口減少は止まらない。故郷の陸前高田市など環境破壊が復興工事で一段と進む市街地には、山を崩した盛土、広田湾の沿岸には埋立、防波堤などが次々とできあがっている。

本当の「エリート教育」とは何か?

日本は戦前、少数のエリートしか帝国大学に進学できなかった。この人たちが社会の中心になったが、今はほとんどの人が大学に行ける。昔の専門学校が今は大学になっている。日本の国の強さは、現場のリーダーと社会のリーダーがいたことだと思う。それが今はごちゃ混ぜになって、誰がリーダーかわからない。戦後、アメリカはそれまでの日本の教育制度を壊したが、一番壊したかったのはリーダーが出るシステムと軍国教育だったのだろう。

学制改革で現在の「6・3・3制」になったが、メリハリがなくなり、リーダー教育という視点が欠落した。一部の大学にはリーダーシップ・プログラムがあるが、どこでどんなリーダーシップの研究があるかなど総花的(そうばなてき)な内容である。リーダー教育にはコミュニケーション能力を養うことと、分野を超えた幅広い能力を身につけることが大切だ。

今ある大学のリーダーシップ養成コースに、ストーリー性を持つ条件や、リーダーシップを発揮する技術、リーダーシップは自身のためでなく世のため人のためであるなどと教える講座はないだろう。そんなに大それたものではない。昔の日本なら『論語』や『中庸』とか『孟子』などで受け継がれてきた精神だ。

先ほど紹介した30歳でシカゴ大学の学長になったハッチンズが、ちゃんとしたものの考え方を教えたいという思想と職業教育重視の狭間で教育改革をしたが、戦後日本は職業教育重視と、「世のため人のため」よりも個人主義や平等が乱用されているのではないか。

すべてが平等になる必要はない。能力は人それぞれ違う。しかし機会の平等とか、結果的に違った分野であっても人間の尊厳が平等に扱われるとか、そういうことを教える場が日本にはない。ハーバード大学の教科書にはそう書いてある。イェール大学前学長のリチャード・レビンも、大学は一人ひとりの学生をリーダーに育て上げたいという気持ちを前面に出して教育してきたといっている。

そういう姿勢が日本の大学にもあればいいが、私の知る限り、そのような大学は日本にはない。リーダーシップ教育のニーズが徐々に高まっている。しかし現実にはコンピューター、介護など技術専門的なことが花盛りだ。

イェール大学に「ワールド・フェロー・プログラム」がある。これは大学が費用を持つ1年間のプログラムだ。アメリカ人以外なら国籍を問わず、毎年20人ほどの学生が寮生活を保障されて、イェール大学の学部や大学院の教育を受けることができ、ワシントンとニューヨークでトップクラスの政治家やビジネスマンと交流する。そうして最後に総仕上げのプレゼンテーションをする。帰国したあとにはネットワークでフォローアップのシステムがある。そうしたリーダーシップ養成のプログラムがある。

ビジネススクールはチームで動いたらどうだとか、個人が組織の長だったらどういうふうに行動するべきかという従来の方法ではテクニカルに走りすぎる。「ワールド・フェロー・プログラム」はもっと全体的視野や見識の養成などフィロソフィカル（哲学的）なことを教育する。私はイェール大学のディレクター（プログラム責任者）から、ぜひ有能な日本人をよこしてほしいと頼まれているのだが、残念ながら推薦できる日本の若者は少ない。

第3章

石橋を叩いて渡る日本のエリート

政策研究大学院大学で国内外の学生を教えていたとき、発展途上国と日本の若者の落差に愕然(がくぜん)としたことがあった。発展途上国の学生は自己主張の塊のようなタイプばかりなのに、日本のエリート学生の多くは黙っていることが多く石橋を叩いて渡るタイプで、自己主張をしないのである。

一方で発展途上国の学生も国が豊かになりつつあると、次第に覇気が失われるようになってきた。国が豊かになると個々人のパワーが低下するのは世界共通の傾向なのかもしれない。しかし、世界一豊かとされるアメリカは今も傑出した人物を輩出している。問題は現状認識とそれに基づく使命感ではないだろうか。

発展途上国の人材育成

私が教鞭（きょうべん）を執（と）っていた政策研究大学院大学は、日本国に対して少なくとも知日派をつくりたい、できれば親日派を養成したいという構想で始まった。日本はともすれば経済協力で箱物協力に力を入れすぎているので、ソフト面でも協力しようと発展途上国の人材を育成する目的で設立されたのだ。

日本は戦前、アジアの国々にきちんとした教育を施してきた。50年間統治した台湾をはじめ、インドネシア、マレーシア、フィリピン、南の島のミクロネシア、フィジー、マーシャルなどで住民たちに日本語を教えた。軍隊を進駐させ、日本語教育を強制したという批判はあるが、台湾の例にみられるように統治下で教育だけでなく、マラリアや猩紅熱（しょうこうねつ）など感染症の防疫に力を入れてきた。

その指揮を執ったのが児玉源太郎（こだまげんたろう）や後藤新平、新渡戸稲造らで、台湾ではサトウキビを植えて精糖産業が充実し、産業的にも潤った。今でも地元の人々に感謝されている。ミクロネシアなど南方の島々は現在、経済が停滞しているが、日本の委任統治下のときは、日本語教育と合わせて米やサトウキビの栽培技術を広めた。

そのような戦前の良い点を学びながら、ＯＤＡ（政府開発援助）の箱物協力や技術協力だけでなく、システムや教育など文化面で日本の良さを教える。日本の環境対策や高齢化対策、銀行のシステム、警察が地域に交番を配置するといった治安対策など、発展途上国が先進国から学びたいことは多い。政策研究大学院大学は、そういうノウハウを教えることを目的としている。

私が教授に就任したのは２００８年だが、設立はその11年前にさかのぼる。私は「政策研究大学院」という名称でよかったと思うのだが、大学設置法の規定によると、大学という名称をつける必要があったから「政策研究大学院大学」という馴染みのない名称になってしまった。当時、それに近い組織を持っていたのは埼玉大学大学院の政策科学研究学科だった。役人用語でいうと、そこを座布団（ベース）にしてつくりあげた。埼玉大学からそのまま政策研究大学院大学の教授、助教授（准教授）になった人も多い。

政策研究大学院大学という名称の通り、日本の官民や世界に対して政策を提言する、そのためのリサーチを充実させてきた。二代目学長の八田達夫先生のときは役所からも独立した立場をとり、役所の天下りを規制したり、民間からの寄付を募ろうという改革の動きがあった。役所から人材を受け入れる場合は博士号を持っていたり、局長以上といった条件が考えられた。その動きは現在後退し、役所から委託費をもらって人を受け入れるという構図ができあがって、他の大学と区別がつかなくなっている。

学生は全学で400人ほどの小世帯で、3分の2は修士課程、3分の1が博士課程に在籍している。日本の大学でもアメリカの大学でも修士課程は2年間だが、政策研究大学院大学の修士課程は残念ながら1年間だ。留学生を出す外国の政府からすると、2年間は長すぎるので1年にした経緯があると聞いた。

学生は短期間で勉強しなければならないということで、窮屈な思いをしている。私もアメリカのイェール大学で2年間勉強したが、1年間では短いという欠点は払拭しようがない。八田学長のときに、修士課程を2年間にしようという案が出たが、結果的にそうならなかった。先にものべたように学生の大半は発展途上国のエリート官僚だ。首相付きとか、財務省、外務省、金融庁、警察、税関部門、地方開発部門が多い。

多くの人は改革に抵抗する

私が政策研究大学院大学で教えるようになったきっかけは、水産庁時代に長らく国際交渉に従事し、日本代表として交渉チームを統率していたのを前学長が着目し、学生にリーダー論と交渉論を教えてほしいと声をかけられたからだ。そんな経緯で2つの講座を受け持つことになった。

私は国際交渉をやってきたので交渉論には経験と蓄積があった。学生からは、私の授業は、アメリカやオーストラリア、ニュージーランドと切った張ったの交渉をやってきたので、実践と臨場感では他の先生には出し得ないところを高く評価された。二国間交渉と多国間交渉の違い、議事運営方針のノウハウ、国の代表団としてどういう心持ちで臨むのかというのは、交渉テーマが何であろうと変わらない。基本的な考え方と会議の進行のノウハウと双方学べるので、大きな人気があった。

一方、リーダー論はどう教えたらいいか悩んだ。たまたまイェール大学の同窓会に出席するためアメリカに行き、イェール大学の生協で購入したハーバード大学のロナルド・A・ハイフェッツ教授他が書いた『Leadership on the Line』(邦訳『最前線のリーダーシップ』竹中平蔵訳)を読んで、この人が書いていることは自分の役人時代の人生を説明する要素が120%入っているという感動を覚えた。というのは、私は水産庁で人一倍頑張って一定の成果を上げ、結論も出して、社会的に高く評価されたが、役所のなかでは成果が上がるにつけ、嫉妬に似たものが現れはじめた。

漁業交渉に携わったおよそ20年間を3つの時期に分けると、初期から中期は役所の皆がついてきてくれたが、晩期になるとそうではなかった。物事がうまくいかないときにイライラしたり、内容の濃い事案を前に進める際、部下の彼らが未経験がゆえに過重な負担がかかったことがあった。役人の能力に余るところまで捕鯨問題は複雑で難しくなった。

そんななかで、私にも異動があり、捕鯨からはずれ水産の調査開発と水産業の改革に専念するようになった。とくに総理大臣が任命する委員になるためには、担当大臣の同意が事実上必要だった。それが得られないので水産庁を辞めた。官僚組織にいつまでいてもやりたいことが進まない組織の限界を見切ったためである。

政策研究大学院大学での留学生の授業風景

当時、組織のなかで、私が思うように仕事が進められなくなった原因は自分にあると思っていた。しかし、ハイフェッツらによれば、それはリーダーシップを発揮したときの典型的な現象である。すなわち旧態依然として動こうとしない組織に問題があるということがよくわかった。目から鱗（うろこ）が落ちた気がした。

最近も私の知人が社長に直談判をしたところ、同僚から「社長に盾突くなんて、あなたはおかしいのではないか」といわれたという。それで社長や同僚から反発を受けて社内での立場がおかしくなったそうだ。

そうした結果を招いた責任は、自分にあると思っているのだと彼がいうので、私が「いや、そうではない」といってハイフェッツらのリーダー論の話をすると、顔色がガラリと変わり良くなった。

ほとんどの人間は、改革に抵抗する。仕事がこれまでより増えることにも抵抗する。改革をすれば世の中が良くなるという思いではなく、彼らは改革についてこられず、自分たちの身の危険を感じて、また、面倒くさくてその改革に抵抗するのだ。だから改革を進めようとする人の足を引っ張る。そういうことをハイフェッツらがはっきり書いている。

たとえば捕鯨の問題でも、私は商業捕鯨の再開に向けて一生懸命頑張った。ほかの関係者は今の程度でいいとか、現状から少し後退してもかまわないという、いわゆる切り貼り外交でよしとする。そうなると交渉のやり方がまったく違ってくる。彼らは改革をしたくない、新しいこともしたくない、つまり「苦労したくない」「さぼって給料をもらいたい」……。私はそういう概念を共有せず、世のため人のためなら苦労をいとわず、捕鯨再開や漁業改革をしなければならないと思っていた。それは外の人には理解されるが、税金で給料をもらい、仕事をしてもしなくても給料の保障がある人たちの組織のなかでは理解されない。自分たちが対応できないからだ。

「静かに暮らしたい」という日本人学生

私は政策研究大学院大学だけでなく、大手企業や中小企業、各種フォーラムで研修や講義をしてきた。そういうところで若い人に接すると、驚かされることがしばしばだった。まだ20代なのに、老成したような意見が少なくないのだ。若ければチャレンジすればいいのに、「私は楽がしたい」「私は静かに生きたい」「私は能力がないので率先して仕事をするより、人のあとをついていきたい」「他人と意見が衝突するのが嫌だ」といった意見をよく聞いた。

政策研究大学院大学でも、日本人学生は自分から率先して意見をいわない。質問をしても、すぐには答えようとしない。それで私の講義は積極性を発揮することを教えるのだが、それからはほど遠かった。

ある日本の大企業で授業をしたときのことである。そこでも「楽をしたい」「静かに暮らしたい」という人が多かった。それも若いうちからだ。「きみは静かにしていて楽しいのか?」「楽な生き方をして、それが幸福論につながるのか?」と私が質問をしても、彼らは答えられない。

私の人間理解では、人間は人とのコミュニケーションがあるからこそ、生きている手応えがあるし、心を満たすことができる。親子関係や地域社会、会社組織、世界の人とのつながりなど、人とのコミュニケーションが私たちを支えているのだと思う。自分から率先して発言すれば、相手が何を考えているのかがわかり、相手の考えに対して意見をいって、自分を理解してもらうという、気持ちと気持ちの触れ合いを得ることができる。

ところが、日本の若者を見ると、当たり障りのない話をして、本質に触れようとしない。本質に触れると相手を怒らせ、人間関係が崩れるという誤った固定観念や先入観を持っているからだ。本心で自分の思うことをぶつけ合うと感情的な軋轢(あつれき)が生じるが、それがポジティブになることも私は多く見てきている。

しかし、それをすることは不必要で、ムダなことだと考えている。対立はネガティブという固定観念に取りつかれている。心底腹を割って話し合った人間関係のあとに、友情と相互理解がさらに深まったという例はいくらでもある。

外国人は、誰に対しても当たり障りのない接し方をする日本人が何を考えているかわからない、本心はどこにあるのかわからない、正しい情報を把握しているのかどうかもわからないという。

若いうちから当たり障りのない話をしていると、人と人とのつながりが薄くなる。するとパーティなどでたびたび集まっても烏合（うごう）の衆でしかない。当人たちも寂しさを感じているはずだ。それが「静かに暮らす」とか「軋轢を起こしたくない」ということの実態と思うが、自分たちの幸福や満足感や精神的な豊かさにつながっているのか質問しても答えられなかったので、幸福でもないし、本心から満足してもいないのだろう。物質的には恵まれていても、精神的な豊かさや人間関係の豊かさとはほど遠い人生を送っているのではないだろうか。

政策研究大学院大学での日本人クラスの授業風景

そんな日本人の若者をいくつかのグループに分け、どんなグループが率直に意見交換して、建設的な意見を出し、メンバー同士の人間関係が深まり、人との絆ができたかを調べたことがある。すると、女性が率先して自分の意見をはっきりといい、それに引かれて次から次と意見が出たグループがある一方で、男性がだんまりを続けたグループは意見らしい意見が出なかった。今の日本の閉塞性を打ち破るのは積極的に発言し、行動する女性かもしれないと思った。

若い人たちの研修会で、「自分の本心をいったら、私の人生は負けです」という者もいた。一瞬、何をいっているかと驚いた。単語をつなげながら、彼が何をいいたいのかわかった。東大、京大、慶應大及び早稲田大など偏差値の高い一流大学出身が多いのだが、もう若いうちからリスクを取らない生き方を身につけたのだろう。

それでは置いてきぼりを食う

私が「静かな生活をしたい」「楽をしたい」という若者をふがいなく思うのは、現実を直視しないからだ。今や世界は大きく動いている。変化を続ける世界で生き残るには、自分も自分が所属する組織も変わる必要がある。そうした変化を直視せず、自分が変わらなければ数年後には置いてきぼりを食うのだ。

何ら新しい知識を得ようとせず、自分の能力を身につけなければ、今の地位を維持できない。世界の変化のスピードは年々増しているのだから、動こうとしなければ早々に脱落する。

「黙って人の陰にいたい」という人は、2つの意味で間違いを犯している。1つは、スキルアップしなければ脱落せざるを得ないからだ。もう1つは、あなたがやらない分は、誰かにおんぶにだっこしてもらっていることになる。そんなことを許すほど、あなたが属している組織は余裕がないのだ。

私にいわせれば、「静かに生きたい」というのは寄生者だ。誰かがその分を稼いでいることになる。ビジネスは毎日動いている。そこにチャンスを見つけてチャレンジするから進歩がある。そこで自分たちが抱いている問題意識や立ち位置、将来のビジョンを議論しながら動く必要がある。それをやろうとしない人が多すぎる。それをやらなければ、過去の遺産を食いつぶすしかない。

補助金の獲得が仕事の人たちが日本にもいっぱいいる。そういう業界は結局、世の中の変化についていけないから衰退産業になっている。

3分の1の法則

日本の組織は「3分の1の法則」が働いているといわれる。社員の働きぶりを評価すると、「できる奴」が3分の1、「平均点を取る奴」が3分の1、「ダメな奴」が3分の1という割合で組織が構成されているというのだ。これまでは「ダメな奴」を抱える余裕があったが、そういう会社が今後とも生き残れるかといったら、おそらく無理だろう。どこでもそうだが、優秀な人がいれば、誰かが相対的に「ダメな奴」の烙印を押される。そうした相対的な比率を変えていこうというのが従来のやり方だが、これからは絶対値を上げる必要がある。

私の研修や講義に参加する若者を見ていても、この「3分の1の法則」が働いている。そのなかで下位の3分の1も研修次第で伸びるが、上位の3分の1は伸び方が違う。時間経過とともに、その差がますます広がることになる。その違いはどこにあるかというと、学生時代の成績よりも、働く姿勢にあるのだと思う。頭の良し悪しより熱心さと努力が大事なのだ。

課題を出すと、熱心な人間はそうした熱心さをさらに強化・継続する。しかし、最低限のことさえやればいいと思う人間はあまり伸びない。これは1ヵ月見ていればわかる。

常に努力することは苦行と思われがちだが、努力を継続する人にとっては少しも苦にならないのだ。それを支えるのが情熱だと思う。その仕事が好きになる、人間関係が好きになる、その国を愛するといった情熱を持っているから、苦業どころか逆に楽しいのだ。

貪欲な発展途上国の留学生

私は政策研究大学院大学で留学生クラスだけでなく、日本人クラスの授業も行っていた。日本人クラスで気になったのは、指されないと発言をしないことだ。私の授業のテーマは「リーダーシップ論」で積極的な態度を誘発しているため、しゃべらないとダメだと思う人しか受講しないはずなのに、それでもしゃべらない。

大企業で若い人たちを相手に研修したが、挙手して発言してほしいと促しても、誰も発言しようとしない。日本では昔から「雄弁は銀、沈黙は金」、「謙譲の美徳」などといわれるが、こうなると美点というより欠点だ。頭のなかにきちんとしたものが詰まっていれば発言は瞬時に出てくるはずだが、受け身に慣れすぎて出てこない。

その点、外国からの留学生は授業中によく手を挙げて質問してくる。ほかの学生から「お前のくだらない質問は聞きたくない。私は小松先生の話を聞きに来ているのだ」といわれたりするほどに。

そうかと思うと、中国からの留学生が授業が終わってから私に質問していると、それを聞いていたパキスタンの留学生が「そういうことは小松先生に個人的に聞くのではなく、皆の前で尋ねて質問と答を共有しろ」と中国人留学生に説教する一幕もあった。日本人は貪欲に知識を吸収しようという意欲が欠けている。すべてに通じることだろう。

仕事のやり方でも、大事な情報を入手してもほかの人たちと共有せず、自分一人で利用したりすることが多い。全体的な教養と能力をつければ、どこに共通情報が流れても関係ない。日本人は自分自身のポテンシャルが小さすぎる。仕事のうえでの情報は先端技術のように極秘扱いするようなものではないのだから、つね日頃から勉強して自分を高めるしかない。

外国の学生は、少しでも頭に浮かんで疑問に思ったらしゃべる。日本人は疑問に思っても、変な質問をして周囲の迷惑になるかもしれないと考えてやめる人もいるだろうが、多くは自分が恥をかくかもしれないからやめる。だから会合でも議論することがまずない。

役所の会合は、2時間のうち1時間40分は事務局による資料の説明に費やされる。国際会議なら資料は事前に配布されるから出席者は会議までに読み込んでいて、冒頭から議論に入る。

試験でも、留学生に問題を4問出すと、「90分では間に合わないから延長してくれ」というので10分間延長すると、解答用紙の表と裏を使ってびっしり書いて提出してくる。日本人の学生は90分でけっこうですというが、回答用紙の片面に3分の1だけしか書かずに終えてしまう。日本人は頭のなかにあまり内容がつまっていない。そして、その内容を引き出す能力にも欠けていると思う。スポーツ選手が毎日トレーニングするのと同じで、つね日頃ものを考えていたら表現力や説得力が身についているはずだ。それができないのは、よほど能力を磨くことを怠っているのだ。

私がイェール大学で教えられたのは、知識は暗記するものではない、知識は変遷するのだから、その知識を踏まえて新しい知識を得るために質問をしなさいということだった。質問ができないということは、知識を最新のものに更新できないということになる。

また外国からの留学生は頻繁に自己主張する。異文化のなかで以心伝心はない。日本人の場合は、自分でいうのではなく、人にいってもらうことをよしとする。たとえば自分の人事でも、自分から売り込むのではなく、人に口を利いてもらって希望のポストに就いたりする。ところで、ある官庁の人事では、公募であるにもかかわらず内部候補者がこそこそ直接次官などに働き掛けるルール違反をしている例もあると聞いた。外国人は自分で堂々と売り込む。自分のことを一番良くわかっているのは自分だからだ。

日本では他人が推挙してくれることを待つのだが、知り合いのオーストラリア人は、オーストラリアは完全に能力主義で、日本のようにポストをローテーションすることは考えられないといっていた。

留学生たちの変化

私は研修のなかで、人を「リーダータイプ」「マネージャタイプ」「フォロワータイプ」の3つに分けて、自分はどのタイプかを尋ねることがある。例年、150人を対象にすると、「リーダータイプ」には数人しか手を挙げない。定義を説明して手を挙げさせるのだが、定義を理解して手を挙げているのか疑問はあるが、それも一つのデータだ（定義については第1章参照）。政策研究大学院大学の留学生を対象にすると6～7割が「リーダータイプ」に手を挙げるが、日本人学生は「リーダータイプ」に手を挙げるのは多くて1割程度だ。ところが最近では、少しずつリーダータイプが増えている研修会がある。リーダータイプが全体の25％いたのである。

「楽に暮らしたい」「静かに生きたい」という若者が多い一方、「なんとかしたい」という若者が増えているのかもしれない。「このままの日本ではダメだ」という思いの人間が、まだまだ少数派ではあるが増えている手応えを感じる。社会が少しずつ変化していると思いたい。

一方、政策研究大学院大学の留学生たちも変化している。私が教えるようになった2008年頃は、エジプト、マダガスカル、トルコなどから来た留学生は公務員だけれど、自分の国の政治体制や権力者は誤っている、これをなんとかしたいと自分の意見を堂々と主張していた。そういう学生が食らいついてきた。これから別の大学に進んで、勉強したうえで社会の役に立ちたいから推薦状を書いてくれという学生も多かった。たぶん私の講義ではほかの先生のそれより多かったと思う。

ところが最近は変わってきて、インドネシアの公務員留学生が「仕事をするのが自分のためではダメなんですか」と質問してきた。自分が偉くなるとか、周りから好かれるとか、昇進するためということを仕事の目的にしてはいけないのかと尋ねてきたのだ。

私はそれに対して、次のように答えた。

「自分の仕事というのは、世のため人のためにやれ。その結果、周りの人があなたを評価するかもしれない。ところが、あなたの仕事があなたのためとわかったら、周りは誰もあなたについてこない」

それに続けてこうもいった。

「あなたはまだわからないかもしれないけれど、私はすでにわかった。私も役所に入ったときは、水産庁長官になると思っていた。それだけの仕事をしたという自負もある。農林水産省の歴代の役人には見られないほどやったという人が現にたくさんいてくれた。国家に対して経済的なリターンをもたらしたと思う。自分の給料をはるかに上回る経済的貢献をしたつもりだ。でも私のポストは上に行かなかった」

そして組織における人事の要諦を諭した。

「あなたを偉くするかしないかは、世界中どこでもそうだけれど、あなたの上の人間が決める。上にはあなたが出した実績で評価するという当たり前のことをしない人がいる確率は大きい。世界中どこでもそうだ。能力だけで判断してくれる組織は素晴らしい組織で、そういうところは長続きすると思うが、大半の組織はまったく逆だ。僻みや妬みで、あいつがオレより目立って面白くないというのが多い。そうすると、あなたが偉くなるかどうかは自分が一生懸命やったかどうかと関わりなく判断される。そんなものをアテにして仕事をするな。でも、まだ若いのであなたにはわからないかもしれない」

エリート官僚ならエスカレーターに乗って中間管理職くらいまで行くけれど、7合目、8合目くらいになると昇進は上の人次第になる。誰を残すか、自分の子飼いだとか、自分にゴマをする人間だとか、自分に盾突かない人間だとかで、国のことなど上の人たちは必ずしも考えているわけではない。だから多くの組織が腐敗・崩壊し失敗している。

可もなく不可もなく

インドネシアの公務員留学生がわかったかどうか。私は2つの意味でわかっていないと思う。

1つは経験が不足しているからで、もう1つは自分が最後まで残る経験は高いと勝手に自分に都合よく思っているからだ。一生懸命仕事をしても、その成果と処遇は一致しないのが残念ながら当たり前で、もし一致していたら立派であるというぐらいの気持ちでいいのではないか。イギリスやオーストラリアはメリット主義（実績と能力）を官僚の人物評価に入れているが、現在のわが国にはそれがまったくない。昇任するのに実力と関係なければ官僚は仕事をしなくなり、受け身に徹する。そこで官僚の意識改革が必要なのである。

公務員に限らず、企業についても同じで、会社のためにやればよいのであって、自分のための計算は除外すればいい。会社のためといっても、一部のボスたちに迎合するのではなくて、この会社が法人として、公共にとって、どうしたら貢献できるのかという方向に行くべきだろう。

会社の場合、営利という事業を通じて社会に貢献して、皆に喜ばれて、結果として利益を上げられるということが第一の目的ではないか。騙してでもものを売ってこいという会社もあるだろうが、社会に貢献する製品づくりが大切で、それ以外の会社は長続きしない。

自分の力をつけることだ。組織迎合で、ヒラメみたいに上目遣いばかりしていないで、若いうちから専門知識をつけて能力を磨き、広い見識をつけること。それをしないでやっていると、自分とは何かがない組織に埋没した人生を送る。そのよい例が、可もなく不可もなくやってきた公務員だ。補助金と許認可権限を持ってこないでも彼らを採用したいと思っている民間企業はほとんどない。だから補助金をつけて外郭団体に行く。そして次官経験者でも何も仕事をしないでくれといわれる。

本来、自分の力で行く柔軟性と流動性を持っていれば、ものの見方がはっきりしてくる。自分の意見をいわないのは保身のためだ。自己保身で、ここで本音をいったらクビになって収入がなくなるから何もいわない。

ひと昔前は、職人の世界は今の親方から離れても別の親方のところに行くとか、その会社を辞めても別の会社に行けた。しかし、組織化が進んで、そのなかで迎合する生き方で、組織のなかのゴマすりという技術ばかり磨いて、自分が専門性を身につけ、社会貢献し、生きるための能力磨きを忘れている人が多くなりすぎているのではないか。

経済的な豊かさが人をダメにする?

政策研究大学院大学の留学生がこの数年の間に変わったといったが、その背景には留学生たちの国が変化したことがある。２００８年頃は「自分はどうでもいいから、自分の国のために何かをしたい」という留学生が多かった。今は豊かな家庭で教育を受け、親から「社会的な地位があり、生活が安定する公務員になれ」といわれて育った留学生が増えている。中国の北京大学大学院で教えたとき、学生に将来のことを尋ねると、公務員、学者、研究者という答が多かった。

そこで、「君たちのなかに、安い給料でも地方に行って、地域や国のために働こうという人はいないのか？」と重ねて尋ねた。女性の何人かは、自分はそうしたいと答えた。経済的な豊かさと、国や社会に貢献したいという思いは逆比例しているのかもしれない。

そうした現実を見て思うのは、私が留学したイェール大学だ。イェール大学では、世のため人のためとか、地域社会のための教育に徹底している。そういう見識を身につけた人をコンスタントに輩出している。ハーバード大学も同様だ。

私がイェール大学にいた2年間は勉強で一生懸命だったので気づかなかったが、卒業してみると自分もそうした影響を受けたのだと思う。イェール大学の学長が来日して行うスピーチを聴いたり、教授たちが書いたものを読んだりすると、つくづくそう思う。

イェール大学のカリキュラムの一つに「個人の行動と集団の行動」があって、組織のなかでどうやって人を動かし、自分がどういう立ち位置にあるべきかということを学んだ。私がリーダー論を教えることになって、そのことを思い出し、イェール大学の恩師を訪ねて改めて話を聞いた。それを参考にして政策研究大学院大学の授業に取り入れて改善した。

多様性がない単一思考

若い人に限らず、日本人の多くは「人と違うことは悪」という固定観念や先入観を持っているが、それをやめろと私はいいたい。むしろ、「いつでも人と同じことが問題」なのだ。最近は社会全体が自分でものを考えることに関し低レベル化しているので、あなたが人と同じだったら、あなたの存在意義はうすいのだ。人間としても、家族の一員としても存在意義はうすい。人と違うことは当然だ。

いろいろな会議に出ると、「あなたは異端だ」という人がいる。私は即座に「異端なのはあなたたちで、私はふつうだ」といい返す。

昔はどんな組織にいても、自分でリスクを負ってでも任された仕事をやり遂げようとしてきた。日本人も昔はそういう人が多かった。それが今のような社会になったのは、「異端」というレッテルを貼って多様性を排除しようとする人間のせいであって、世界のなかで日本社会を多様性のない「異端」にしてしまったのである。

最近は海外留学を志す若者が減っていると嘆く人が多いが、日本のような異端社会にいたら、世界に出ることができないのは当たり前のことなのだ。スポーツ界はトップレベルになると海外選手を相手に取っ組み合いをしている。ところが、ビジネスの世界では世界に出て取っ組み合いをしようとしないから負け続けている。ここまで来ると世界に出ないわけにはいかないのに、内向きな単一思考だから外に出たがらないのだ。

戦後は、ソニー、ホンダ、松下にせよ、皆外に出て行った。日本人のDNAはどこに行ったのだろうか。

第4章 日本の組織はなぜ硬直化するのか？

私は国家公務員試験上級職に合格した官僚として農林水産省に入省し、水産畑を歩んできた。水産庁長官になって故郷と日本のために尽くしたいと人一倍努力を重ねて働いてきた。しかし結果は、課長職のときに独立行政法人に出向となり、その2年後に54歳で退官し、政策研究大学院大学で教鞭をとることになった。

私は20代でアメリカの大学院に派遣留学して2年間過ごしたことがあり、職場に戻ってからも古き因襲を断ち切り、新しき良きものを導入しようと努力してきた。改めて振り返ってみると、日本の官僚組織は自らの力では変革できないほど硬直化していたことに気づかされる。それは社歴の長い民間企業にも共通する致命的欠陥だと思う。

28年間の官僚生活

私は岩手県立盛岡第一高等学校を経て1977年に東北大学を卒業して農林水産省に入り、希望がかなって水産庁に配属された。私が生まれ育った岩手県陸前高田市は漁業の町だったので、故郷のために尽くしたかったのだ。

当時はカラスが鳴かない日があっても、周辺国が設定した200海里の経済水域が及ぼす日本の漁業の影響について新聞やテレビが報じない日はないといわれ、水産庁は多忙をきわめていた。

私も組織の末端で忙しい毎日を送った。それこそ銭湯にも入れない日々も多かった。しかし、その間にも人一倍勉強した。朝も夜も語学学校に、寝食をおしんで通った。そして人事院の行政官長期在外研究員制度に50倍の難関をくぐり合格した。イェール大学経営大学院での2年間の留学を経て、1985年以来、国際交渉ばかり担当してきた。日本水産、大洋漁業（現マルハニチロ）など日本の漁業会社が、アメリカ水域で操業するための漁業割当量確保やサケ・マス漁業のアメリカ水域での操業上の確保などのために奔走した。しかし、その努力もむなしく、日本の漁業団は米国やソ連（当時）から、ほぼ全面的に閉め出されてしまった。

その後、1988年にローマに行き、在イタリア日本国大使館に勤務した。ここではFAO（国連食糧農業機関）の仕事をFAO憲章にのっとって円滑に進め、途上国などに貢献しているかどうか、そして日本の立場や政策も反映させることが主な業務だった。FAOの会議ではよく発言し、他の加盟国や事務局の発言をよく聞き、世界の農林水産業の発展に尽くしたと思う。

IWC（国際捕鯨委員会）の日本政府代表団（右から２人目が筆者）

２００２年には、私がFAO水産委員会議長を務め、その議事進行ぶりを参加国から讃えられ議事終了時には委員会を代表してインド代表から花束が贈呈され、スタンディング・オベーションを受けたことを懐かしく思い出す。インド代表からはインドの学問と商売繁盛の神様であるガネーシャ像もいただき、今も私の書斎に飾っている。

話は前後するが、１９９１年８月にローマから帰国すると、本格的にクジラに取り組むことを命ぜられ、それこそ寝食を忘れて東奔西走し、日本の捕鯨についての理解と支持を深めようとした。ワシントン条約（絶滅のおそれのある野生動植物の種の国際取引に関する条約）締約国会議、ミナミマグロ保存条約及びＩＷＣ（国際捕鯨委員会）なども担当した。

ＩＷＣは１９９２年から13回も連続して出席した。その間、日本の主張を世界に発信し、その主張を実践するために国際捕鯨取締条約第８条に基づく加盟国の権利としての調査捕鯨を南氷洋で従来の枠より拡大し、海洋生態系の総合調査を充実させ、科学的知見が深まった。そして２００７年に水産庁漁場資源管理部管理課課長を最後に54歳で退官するまでＩＷＣを担当した。私が担当でなくなったその後の日本の捕鯨は凋落(ちょうらく)の一途である。国際司法裁判所の判決でもオーストラリア、ニュージーランドに敗訴した。誠に嘆しい。

私は２年間の海外留学を含めて30年以上、霞ケ関(かすみがせき)や在外公館で官僚を務めていたことになる。そして、政策研究大学院大学の教授を務め、会社の顧問をしたり、民間組織を立ち上げ代表となった。そんな私の多様な経験から、日本の組織の問題点を明らかにしていきたい。

人事はローテーションではダメ

まず中央省庁の話から始めたい。大企業も中央省庁と似たような組織や人事制度を取り入れているので、共通点が少なくない。日本の組織は何が問題なのかを指摘する。

国家公務員法は職階制をうたっているが、実際はそうなっていない。職階制はそのポストに合った人を採用する。アメリカと国際機関もそういうやり方をしているが、日本の場合は2、3年たったら異動するローテーション制をとっている。次に来る人が有能か無能かは関係がなくて、同じようなグループで採用されていれば、そこに異動する。断層が起こることはある。

ローテーション制は組織のなかに専門知識や業務をこなす能力が溜まらないという問題が起こる。終戦直後から高度経済成長が始まるまでの比較的問題が容易だった頃はいいのだが、今は複雑になっているから、懸案の問題を引き継ぎされるものではない。

2年で何がわかるのか。あとを継いだ局長は「私はわかりませんから」ということになる。それで部下の上司評を聞くと、「今度来た人は非常にいい人です」といったりする。何がいいのかというと、「絶対に怒らないから」とか「人の仕事に口出しをしないから」。何も文句をいわない、よけいな口を出さないのがいい局長や課長になる評価を与えている組織自体が問題だ。

どこの省庁もそんな感じだと思う。職種によって昇進のスピードは違うが、係員から始まって、係長、課長補佐、課長、室長、部長、局長、次官と上がっていくが、ほとんどの職員はⅢ種（初級）試験、Ⅱ種（中級）試験で採用された人が多いから係員と係長だ（現在は採用試験の名称が変わっている）。課長補佐まで入れれば全職員の95～98％を占めており、課長が1％くらい。本省の課長くらいまで行けば役人として合格点だ。

官僚の政治任命

アメリカの場合、大統領が交代すると中央省庁の幹部職員ががらりと入れ替わる。いわゆる政治任命で、大統領のカラーが発揮される。一方、日本の中央省庁は政治任命がまったくない。最近は民間との人事交流があるが、その人たちの数も限られている。農林水産省の場合、政治任命ではなく政治家自身がトップを占めているが、大臣が1人、副大臣が2人、政務官が2人の計5人いる。民主党政権時代は「政治主導」といっていたが、職員は本省だけで3000人、地方の農水局なども入れれば3万人になる。

どう見たって、政治家の5人だけで政治主導が発揮できるわけがない。ましてやこの政治家たちは農業、林業、水産業や行政の経験が不足している。財務省の場合でも、税務や予算などの経験がないのであれば、大臣や副大臣、政務官が政治主導の能力を発揮することはほとんど不可能だろう。

アメリカの政治任命は、トップを中心にした政治家が自分たちの任期期間中、重要ポストを国家公務員として採用する枠を持っている。政権交代すると、この人たちは原則として出ていくというやり方だが、日本はそうなっていない。

日本では政治任命がしばしば議論されるが、問題は公務員制度だけではない。次官から課長まで政治任命しようとすると、農水省の場合なら本省の3000人の5%くらい、150人を政権交代ごとに入れ替えることになる。その150人をどこから持ってくるのか。その人たちが次の政権交代で辞めたときに、アメリカのようにシンクタンクや大学、民間企業などに行く場所があるかどうか。政治任命は辞めたあとの受け入れ先を考えないと、「言うは易く行うは難し」である。

日本の組織は硬直的だ。たとえば私はアメリカの大学に行ったが、その大学は母校の出身者を4割しか採らない。日本の大学は早稲田でも慶應でも、教職員はほとんど自校の出身者が占めている。東大もそうだろう。官僚組織だけでなく、民間の銀行だって子会社への出向者を他行に割り当てることはまれだ。民間も官僚も両方の弾力性が必要になる。それを考えると、政治任用が制度化したとしても、実際には実態面がついていかずなかなか進まないだろう。

それでも最近の公務員は、人事院の報告書にもあるが、早期退職者が増えている。公務員になっても、つまらないとか、やりがいがないという人が昔に比べて増えたという見方ができるし、昔に比べて民間が流動性をもって公務員経験者を受け入れる素地ができたと考えることもできる。課長の給料は一般企業の水準より高いと思って差しつかえない。

セクショナリズムが進行

中央省庁では通常の業務の場合、稟議制(りんぎせい)（計画・事業の作成・実施に関し、主管者が作成した稟議書を上司や関連部署に回覧して決裁を受け業務を実施する制度）を採用して意思決定している。本当に大事なことはトップダウンの部分もあるが、稟議制は下から上に承認を求める行為で、係員か係長が決議・発議して、それに印鑑をもらって大臣まで行く。省庁によって異なっているが、議案によっては次官まででいいとか、局長までというのが多い。

これは責任の所在が明確ではなく、何か問題が起こっても特定の者が責任をとらなくてすむ制度だ。多くの印鑑が押してあるから、問題が起こったとき、さて誰の責任でしょうかということになる。私も米国商務省行政裁判所で証言する日本代表団の発言に対し、上司から決裁書だけもらっておけといわれ、もらっておいた経験がある。その場合、組織全体の責任になるが、逆にいえば組織全体だから誰の責任かわからない。

この20年ほどの間にセクションが多くの部局に分かれ、担当する職務の範囲も狭くなった。そのためセクショナリズムが進行したように思う。仕事の範囲が狭くなればなるほど、そこにこだわる力と、組織の変化に対応する力が失われた。昔は課長や課長補佐クラスが広範囲で大局的な視野で見ていたが、それも失われてきた。

農水省の省議とか庁議の会合があるが、私が最初に課長になったときは政策を議論すると思っていた。出てみると、検討事項は行事やスケジュールのアレンジメント中心だった。「こんな方針でどうですか」とか「今うちの課はこう考えているけど、そちらの課はどうですか」ということをやった試しがない。それで主要検討事項はほとんど秘密会だから、その課や部以外の者にはわからない。

すべての会合をオープンにする必要はないが、大事な決定事項については発表する必要がある。守秘義務とか機密はあるが、はっきりいって個人の情報と入札情報以外、農水省にはそんなものがあるとは思えない。「特定秘密保護法」が施行されたが、国家公務員として機密に属するのは国家の外交と警察と防衛の情報くらいなものだろう。要求があっても四の五のいって出さないケースがあるが、個人名は伏せて全部出したらいい。

組織と予算も、独立行政法人の場合は5年間で5％削減だといって中身の目標を提示しない。農水省も財務省もそうだが、予算を万遍なくみんなが喜ぶように1％から3％増加させたつけ方をするのか、それとも特定の予算をバサッと切って、目玉政策の予算は100％アップでつけるのと、どちらがいいのか。バサッと切られた部署は泣くだろうが、政策は本来、そういうことをやるべきだ。

ところが万遍なく切ることばかりやって、結果的に現状の延長戦で行く。平成25年度まで25兆円にのぼる復興予算も、今まで切られていた公共事業が復活し、堤防や道路が造られただけで、何も目新しいものがない。将来の産業振興に貢献する新たなメニューが見当たらない。

人事権は誰が握っているのか

先にのべたように、中央省庁の人事はある試験区分の試験に合格した者なら、その能力と試験を問わず、いくつかのポストに配属される。法科を出た人も土木を出た人も、自分たちが占めるポストのなかでぐるぐる異動する。アメリカの場合、公募して、そのポストに見合うかどうか審査されてポストに就き、上位のポストが空いたときに改めて応募して、そちらに採用されたら昇進できる。

日本の場合、その点はまったく異なり、ローテーションになっている。多くのことをいろいろ経験させるという目的にはかなっているが、それが能力のある国家公務員をつくり出しているかどうかは大いに疑問がある。長くいろいろな経験をした人が立派な役人になっている場合もあるが、そうでない人もたくさんいる。あまり多くのポストを経験すると、何も消化していない理解していないことにもつながる「この人は本当に頭を使って仕事をしているのだろうか」という人がいる。

中央省庁の人事権は形式上、大臣が握っているが、実際はそうではない。人事権を握るためには、そのポストと実際に働いている人たちを知らなくてはならない。しかし、試験区分にしたがってそれぞれ人事担当者がいる。その人たちが全部押さえていて、事実上、独立的に権利を有しているので、狭いグループで回転する。したがって大臣といえども役人の人事案件に立ち入ることはできない。

以前、農水省で事務次官を指名するときに、ある大臣が役人のシナリオに反して自分の好む人物を事務次官にしたが、結局はその大臣が去ってからすぐ辞めてもらって、元来の候補だった人を事務次官にした例がある。無理を通して次官にさせられた人はその後、国会議員になったが、今の制度では大臣が事務次官を任命することは事実上、不可能になっている。

戦後、日本は内閣もGHQの改革で大きく変えられた。天皇の下で行政を執行する権限が内閣総理大臣の下に移行されたが、内閣総理大臣の権限が極めて曖昧なのだ。ところが、各省庁の設置法や内閣法には各省庁の権限が明確に規定されている。それで総理大臣が農水省の案件に対抗できるかというと、意に沿わない農水大臣の首を切ることはできるが、次に就任した農水大臣が抵抗したら首を切れるものでもないだろう。

内閣総理大臣が各省庁に直接命令を下す内閣法でなければならないはずだが、基本的に国務大臣に権限を譲って、その残りの部分だけが内閣総理大臣にあり、総務的なことだけが内閣総理大臣に残っているとも見える。

ローテーション制度の弱点

日本では事務次官等会議を通った官僚からの提案が閣議に諮(はか)られると、閣議で自動的に承認される慣例がある。民主党政権のときにいちど廃止されたが、第2次安倍内閣で次官連絡会議として復活した。以前のように官僚と政治家が情報の交換を密にしているかというと、必ずしもそうはなっていない。

官僚に明確な指示を出さない限り、総理大臣や各省庁の大臣の遂行力には限界がある。なんだかんだと官僚制度を批判しても、官僚制度を使っていかなくてはならないことは事実だ。官僚制度を使いこなすためには、その制度を知らなくてはならないし、案件について政治家が理解していなくてはならない。官僚の側からいえば、自分たちが熱意をもって、この政策についてはこのようなことが考えられますということを、いくつかのオプションをつけて政治家にあげて、その政治家が最終的に自分のリスクで政治判断をするという、OECD（経済協力開発機構）諸国で一般的に見られる環境に日本政府はなっていない。

私もいろいろな国の国家公務員と付き合ったが、一番付き合ったのはアメリカの国家公務員だった。付き合っていると、アメリカでは国家公務員がどういう位置にあるかがわかる。外国の制度を学ぶ利点は、日本の制度がより見えてくることだ。どこにプラスがあって、どこにマイナスがあるのか。アメリカの公務員制度はヨーロッパと同じで、基本的に能力主義で職階に採用されるかどうかを決めている。その職が空けば、「空席アナウンスメント」

といって、空席があって、こういう能力を求めているので、希望する人は応募してくださいという採用システムがある。日本のように毎年、定期的に公務員を採用することはなく、能力を基準として不定期に採用する。日本の一般的な公務員制度とは違っている。

アメリカの場合は民主党と共和党がたびたび入れ替わり、選挙に勝ったほうが政治任用する。自分たちと考えが一致している人、または自分たちと付き合いがあって使いやすい人を連れてくる。一部の職種を除いて、日本のような人事ローテーションをとっていない。長期的な視点に立って、人材育成を図る人事管理制度と研修制度もある。そのポストに長くとどまる傾向があるので、日本より長期的な視点から物事に対応することがあり得る。

私もFAOでUSAID（米国国際開発庁）の人たちと付き合ったが、彼らは海外協力を20年も25年もやっている。その分野の人脈も広く、なおかつ専門性もある人たちに出会った。捕鯨の場合も25年やっているという科学者や行政官に会った。こちら側が2年程度で変わると対抗できない。私は日本のなかでは捕鯨を含めて国際対応を14年ほどやったが、皆私の倍くらいやっている。だから向こうが倍賢いわけではないが、2、3年ではいくら賢くても、力を半分も発揮できずに終わる可能性がある。

日米英の公務員制度

アメリカの場合も、公務員叩きがあった。ベトナム戦争時のウォーターゲート事件だ。ニクソン大統領が民主党側の政策立案やベトナム戦争反対の動きを監視するために、盗聴マイクを設置した場所の一つにウォーターゲートがあった。これを契機にニクソンは失脚していくが、こういうことに公務員も荷担したことで連邦政府と官僚が叩かれ、公務員離れにつながった。

一般に、アメリカの国家公務員は上位の人たちを除いてはステータスが高いという感じはしない。私は公務員としてプライドを持ってやっていたけれど、アメリカは民間企業が中心なので、むしろ公務員になる人たちは民間に行かない人たちという傾向が強かった。そんなに給料も高くないので、必ずしもウォーターゲート事件が公務員離れの契機になったとは私は考えていない。最近では、イェール大学やハーバード大学を卒業してアメリカの役人や研究者になっている人が増えている。

アメリカの場合は法学部を出ても、採用は法律の専門科で、特定の職種で法的な観点からアドバイスをするのが主な業務だ。日本の場合、I種（上級甲種）試験で採用されたキャリア官僚は「8割条項」を使って、人の8割の経験があれば昇進するというシステムがある。アメリカの場合、法学部出の人にもそういうシステムはない。あくまで法学、土木、経済、教育などと同じ「ワン・オブ・ゼム」という扱いで、昇進するのに専門などは関係ない。それがアメリカの基本的な制度だと私は理解している。

アメリカは議院内閣制ではないので、ホワイトハウスを中心に情報収集能力が必要になる。議会と対立したとき、自分たちが説明する能力を持たなくてはならない。それで国務省、商務省、司法省などがあるのだが、こういうところの上位の官職は先ほどのべたようにほとんどが政治任命で、職種としては管理職、SES(Senior Executive service、シニア・シビル・サービス)という上級公務員とか、事務的なことをやるセクレタリーなどで、3000を超えるポストがあり、通常採用された公務員と対立することがある。一般公務員は、自分たちはあまり偉くならないのであれば一生懸命働いてもしょうがないということで士気が低下し、優秀な職業公務員の確保がなかなかできないという問題が起こっている。

イギリスの場合は議院内閣制をとっているので、日本と政治制度が似ている。今は労働党と保守党の二大政党による政権交代を繰り返している。彼らの場合は、閣内の大臣のほかに、国会に拘束されない閣外の大臣を指名できるし、政務次官、秘書官を任命できる。行政的な仕事を政治面から見てサポートする人として、大臣が自由に任命できる特別顧問を採用できるのが特徴だ。

イギリスの一般職の公務員については、政権交代があるなしにかかわらず、専門性と中立性に基づいて、政権の運営を支える役割を持っている。政治家がマニフェストをつくるときは、公務員が専門的な知識を提供する。中立の立場から行政官としての職務を執行する役割を担っている。今の日本の公務員に求められているのは、こういう仕事ではないかと思うが、日本の公務員はやっていない。あるいはやりたいけれど日本の政治家がそれを吸い上げる能力がないことが問題だろう。

イギリスで日本のキャリア官僚に相当するのが、SESで、本省の課長級以上は任用と給与等については共通の枠組みで採用するが、個別のことについては各省庁に委ねている。日本もそうだが、上級職の試験を受けた人は、早く昇任するシステムになっていて、局長以上の任命については人事委員会の承認が必要で、上級職として採用されたファースト・ストリーマー（早く流れに乗って上がっていく人）だが、そういう人が課長補佐と一般職員の中間のあたりから始まって上に上がっていく。

ここがイギリスの大事なところだが、公務員のあるべき姿を教えるためのさまざまな研修が行われている。人間としての国家観だとか、公務員は何をするべきだとか、国際交渉はどう進めたらいいのか、リーダーシップ論など、上級公務員に必要と思われる研修を日本は行っていない。

日本の組織に乏しい研修制度

アメリカは20くらい省庁があるが、8つくらいの省庁でリーダーシップや交渉の研修を行っている。日本の場合、外務研修所で何を教えているのか。私も受けたことがあるが、お前は海外留学しているから全部に出ることはない、お前は行儀の研修だけ行けといわれた。いわれた通り出席したら、お茶とかお花、侘(わ)びとか寂(さ)びとか、そういうことを教えてくれた。

日本文化を教えるなとはいわないが、教える内容と本質が違うと思う。どのように交渉するのか、交渉の技術は何だとか、どんなものの考え方で交渉するのか、相手は何を考えているのか、自分たちはどうすべきだとか、省庁で重要案件があれば、熱帯林の問題でも、エネルギーの問題でも、1つ2つ例示して交渉の仕方を教えてくれるとか、そういうことがあっていいだろうと思う。予算だとか、予算の執行、農水省の場合だったら、どう組み替えていくのか、それはどういう意識からやらなくてはならないのか、そういう心構えを教えてくれなくてはいけない。

基本的なものの考え方を随時教える。研修を受ける側からすると、ものを考える機会を与えてもらうことが、公務員であろうと、民間人であろうと必要ではないか。それが足りないというか、あまりにもなさ過ぎる。

イギリスの大臣が任命する特別顧問は大臣と特別なつながりを持った人物で、政権党と結びつきが強い。結びつきが強くないと政治ができないので、こういう人たちと中立な一般職の公務員とが一緒に仕事をする。特別顧問は一般職の公務員が中立的に上げてきたものを自分たちの責任で政治的に配慮した中身に書き換えていく作業をする。

フランスでは、国立行政学院（ＥＮＡ）とエコール・ポリテクニークがエリートを輩出する学校として有名だ。ここを出ればかなりの上級職に就ける。ソルボンヌ大学より上の扱いをされ、行政だけでなく、政界でも、民間企業でも中枢を占めている。ド・ゴールは軍人出身だった。

こうしてみると、日本が参考にするべきはアメリカとイギリスではないかと思う。

透明性と説明責任

日本の官僚制度が今のままでいいわけがない。戦後の一時期は復興と経済成長という最大公約数を誰もが国是としていたから稟議制度やセクショナリズムでもよかったが、それを成し遂げたら人々の価値観も行政に期待することも多様化する。そういう時代の流れの大きな変化があるのに旧態依然の稟議制度とセクショナリズムを踏襲しているから、最近は部分主義と狭い分割主義に入ってきた感じがする。

だから提案が大局的で包括的なビジョンを有するものではなく、技術的になっている。制度を変えることを伴った提案がほとんどない。東日本大震災の復興でも法律を変えるものがほとんどなかったが、数百年に一度の大震災だったのだから、大胆に発想を変えないと追いつかない。

公務員も広範囲なトレーニングが必要だ。現在、公務員の研修制度は自前のものではなく、外国に2年間送る人事院の在外制度だけではないかと思う。国家公務員研修制度を設立して、テクニカルなコース、大局観を養うコース、国際交渉・国内交渉を養うコースを設置するべきだと思う。

公務員制度そのものの将来方向としては、政治任命でアメリカの３０００人は多すぎるが、日本はまったく行われていない状況で、これで官僚との繋ぎができるとはとうてい思えないので、何らかの制度化が必要だ。政治任命する人がどういう人なのかという吟味もいるし、任期が終わったあとの民間側の体制整備もいると思う。

公務員がクビになるのは分限制度しかないというのも問題だ。つまり刑法犯罪や法律違反を犯した場合しか馘首できない。職階制の導入をＧＨＱがやろうとしたけれど、これもうまくいっていない。省庁の壁を越えた一体的な人事を執り行う内閣人事局の創設も行われたが、もっと幅広い人材をある一定の層、いってみればノブレス・オブリージュ的人材をつくるのも一法だと思う。それに天下りがあると予算の弾力性が持てないので天下りを減らす、もしくは目的をはっきりさせて弾力性をもった形でコントロールする必要がある。今の原子力発電所の情報の出し方を見ていてもそうだが、透明性と説明責任を果たす法律を制定していかなければならない。

ところで、役人は威張って見えるが、その人が担う仕事に法律的な裏付けがあって一種の権力を行使しているからであって、その人そのものが偉いわけではないのに、当人は勘違いしている。

「なんでこんな簡単なことができないのか。こうやればいいじゃないか」ということがある。現場にも出ず、外国も知らず、新たな勉強もせず給料にしがみついていてはダメなのである。周りで見ている人は、私が中央省庁を辞めたにもかかわらず、その癖が抜けきらずに威張っているように見えるだろう。そのことを直言したのは、私の妻だった。

「あなた、役人辞めて一民間人なのだから、その態度を直したらどうなの」

権限がなくなったのに、威張っているように見えるのは直さなくてはならないと思うし、直しているつもりだが、30年も役人生活をしているうちに体に染みついてしまったのだろう。

第5章

官僚と政治家は持ちつ持たれつ

中央官僚と政治家は切っても切れぬ縁である。政治家は自分が掲げる政策を実現しようと官僚に指示を出すが、官僚は逆に自分が楽をして進めたい考えを実現しようと政治家を操ろうとする。権限は大臣、副大臣、政務官といった肩書きを持つ政治家のほうが上に立つが、実務を周知している官僚は政策実現性という切り札を持っている。いわば「狸と狐」の駆け引きである。

裏話を聞くとバカバカしいと思うかもしれないが、日本の行く末は両者の関係で決まっていく。こうした壁を打ち破ることができるのは、行政の関与を極力減らす大幅な規制改革だ。

政治家の失言

政治家の失言は珍しくないが、その多くは知性や人品の程度を疑わせるくらいですませられる。しかし、日本の政治システムの本質が垣間見える失言もある。たとえば、東日本大震災後、松本龍復興担当大臣（当時）は宮城県庁で村井嘉浩知事と会った際、「県でコンセンサスを得ろよ。そうしないと、われわれは何もしないぞ」といった。被災した漁港を集約するという宮城県独自の計画に対して、県内のコンセンサスを得ろというのだ。

私の故郷の岩手県にも１００以上の漁港があるが、まともな人たちは復興するのはそのうちの２つでいいといっている。漁業協同組合の組合長はみんな必要だといっているが、集約することで市場の魚種が豊富になり、加工工場も大規模化できる。さらには税金の節約になる。宮城県知事は漁港を３分の１にするといっていた。松本大臣も「岩手県が漁港を全部復活してくれというのは愚の骨頂だ」とはっきりいった。そんなカネがあったら水産資源の回復や石巻とか塩竈の加工業の復活にお金を費やしたいのだ。

しかし、物事を大きく変えようとするときに短時間でコンセンサスを得ることは難しい。復興という時間が勝負の行程では、どこかで見切りをつけて進めなくてはならないのだが、松本大臣は時間をかけてもコンセンサスを重視する政治家なのだろう。

本題はここからだ。冒頭、応接室で待たされたことに対して、「お客さんが来るときは、自分が入ってからお客さんを呼べ。長幼の序がわかっている自衛隊ならそうするぞ」と村井知事をたしなめたことが大きく報道された。報道の仕方も世論も松本大臣叩きの様相を呈して、ほどなくして松本大臣は辞任に至った。

ここから見えるのは、中央の大臣は地方の知事と主従の関係にあると思っていることだ。戦前なら知事は内務省の所轄で中央から任命されたが、現在は地元住民による選挙で選ばれるのだから、主従関係などあろうはずがないが、いまだに戦前の関係を引きずっている人も少なくないようだ。

話は横にそれるが、松本大臣の苛立(いらだ)ちもわからないではない。私も所用で知事に会いに行くことがあるが、そういう対応をされることが多い。どっちが偉い、どっちが偉くないという話ではないが、役人たちがあのような対応をさせるようだ。たまたま知事よりオレが偉いという人が行って、怒りに火をつけた。あの状況を県知事の取り巻きが見て反省したのではないかと思う。

官僚と政治家は「狐と狸」

官僚と政治家の関係について考えてみたい。私の場合は、役人としてそんなに多いケースではなかったが、何回か首相官邸に行き、総理大臣、官房長官、官房副長官と面会したことがある。こちらから積極的に説明に行ったこともあれば、呼ばれて行ったこともある。当たり前のことだが、行政庁の長は総理大臣なので、重要案件についての最終的な意思決定者である。総理大臣は、大臣を通じて命令を出すが、私たちの場合は大臣に説明してから官邸に行って、帰ってきて実はこういうお話でしたと大臣に報告する。

官僚が行政のトップに会ったら、フランクに話すことが大事だ。自分の案件に精通していることはもちろん、その範囲を超えても簡潔に、瞬時に話せるように用意しておくことが必須で、それは何に関しても同じだ。

これは話したほうがいいか、話さないほうがいいか迷うこともある。それは自分のリスクでもある。話したら話したで失敗するかもしれないし、話さなければそれを後悔するかもしれないが、そう思うなら話すべきだと思う。とにかく王道はない。仕事にリンクできるようなら教養も大切で、それらで話をつなげる方法がある。

官邸との付き合い方には二通りある。一つは総理大臣からインストラクションをもらうものだ。各省の定員を削減とか、行政改革の効率の整理とかである。政策研究大学院大学で教鞭を執ったある人が総務事務次官だったとき、細川護熙（ほそかわもりひろ）総理大臣（当時）からそういうインストラクションをもらって実行する役を仰せつかった。そしてそれを実行したとのことである。

もう一つのつき合い方は、役人自身が計画原案を作成し総理大臣に持っていって、それでいいかどうかの決断をしてもらうものだ。私の場合は捕鯨問題が国際問題になることがわかっていたので、持っていかなくてはならない。おそらく外国の場合は、こちらのほうが多いと思う。官僚が、これは変えたほうがよいのではないかと思ったら、どのように変えるのか複数の選択肢を持っていって、政治家が政策判断をするという状況をつくるのだ。

前者の場合は、政治家が相当勉強しなければならない。官僚も、できるものはできる、できないものはできないとはっきりいわなくてはならない。しかし、官僚は後者をメインの仕事と心がけて、政治家との良好なコンビネーションをつくる必要がある。

官邸や大臣のところに行けば、みんな緊張する。私も水産庁で課長だったとき、良く行ったが緊張した。

相性の良し悪しで決まる政策

相性の良し悪しがある。日本の政治家においても、総理大臣と官房長官の仲がよければ政権は安定する。その典型が中曽根康弘元総理と後藤田正晴（ごとうだまさはる）元官房長官だったという。後藤田は中曽根より4歳年長で、高級官僚としても先輩だったが、中曽根に請われて官房長官に就いた。中曽根が1987年にイラン・イラク戦争で機雷がまかれたペルシャ湾に自衛隊を派遣したいと主張したとき、後藤田は「あそこは交戦海域。私はサインしません」と立ちはだかり、中曽根は自衛隊派遣を断念した。中曽根は後藤田というベストパートナーを得たからこそ、当時としては長期の4年11ヵ月の政権を維持できたのだろう。

私が見ていて、森喜朗元総理と中川秀直（なかがわひでなお）元官房長官のときもフランクな関係だったと思う。私の水産庁時代は、私と水産庁長官や農水事務次官との関係はフランクで楽だったが、そういう上司がいなくなって共通の言語が失われた。官邸にいって、できることとできないことを明確に説明したが、周りの人たちは傍観者だった。

私が最も議論をしたのは、福田康夫（ふくだやすお）が官房長官のときだったが、あの人は群馬県という「海なし県」の選出なので捕鯨に関心がなく、このデータはおかしいじゃないか、ミンククジラは減っているじゃないかとかいわれて、いや実はこういう見方をするんです、ちゃんとミンククジラは増えていますとか、ほかのクジラはもっと増えていますと説明した。福田元官房長官は捕鯨には消極的であった。私は「計画通りやりましょう」と進言したが、周りの人との間の温度差が出てくる。最終的な判断は、組織の長なので、その判断には従わなくてはならない。自分が説得してもできなかったら、従わなくてはならないのだ。

予算はこうして決まる

財務省とは予算折衝。通常のルーティンだと8月までに暫定予算を編成するが、それ自体意味があるかどうかわからない。ここでは何も決まらないからだ。それでも1回突っ走ってシーリング(概算要求基準)が決まる。財務省が省庁をまたいでこの案件とこの案件では、こっちのほうが必要ですといわなくてはならない。しかし、「財務省はすべての官庁にリップサービスをしたいのだ」と財務省OBがいっていた。

最終的には、前年度比100%前後のところで決めてしまう傾向があるが、8月の時点では要望を出させておいて、課長が主査の所へ行って説明するときは120%ぐらいのところで決めておく。12月に入ると個別の折衝で課長クラスが一生懸命に中身を説明する。

私も課長補佐時代、課長についていったが、国際交渉が忙しかったので準備ができず、課長を補佐できなかったことがある。担当の財務省の課長補佐から、「歴代の農水省の課長補佐で課長に代わって答えられないのは聞いたことがない」と嫌みをいわれたことがある。その通り京谷(きょうたに)水産庁部長（当時）に報告したら、「そんなもの国際交渉が忙しくてやっていられない、といっておけ」と笑われた。太っ腹な部長で、後に農水省の次官になられた。

シーリングの前後に査定が行われて、たとえば前年度比94％くらいでやって、あとは最終的に各省の予算担当の部局に任せ、予算担当の部局が采配して予算が決まっていく。最後の部分の積み上げは、局長や大臣の折衝に委ねて決めていく。

こんなプロセスだったら、各省の課長と財務省の主査だけで折衝は済み、その上の主計官や主計局の次長との折衝は必要ないとも考えられる。たぶん必要ではないと思うが、自分が課長のときに査定を減らされたら嫌だから局長や大臣にお出ましを願う。

新しいことを企画したところで、それに予算がついてこない。予算がつくにしても、自分の課のどこかをつぶしてこいといわれることが多い。したがって予算は毎年メリハリのないものになり、日本の国家予算は代わり映えがしない。政府原案として予算が作成されると、3月31日までに国会の承認を得るのが通常のプロセスになる。

農水省は一時、米価を抱えていたし、水産庁は国際減船というのがあった。たとえばアメリカとかロシアとの交渉で、船をスクラップしなくてはいけないときに金がいるので予算をひねり出すのに苦労した。

関西国際空港を新しくつくろうという話があったとき、財務省は最初、そんなものいらないのではないかと対応したが、航空業界や建設業界、所管する国土交通省、それに政治家の声が強くなってくると、ほかの公共事業を削ってやりましょうとなって、どこかで手打ちをした。最終的に年度予算や補正予算の折衝でついたという形をとるが、実質上は別途の協議のなかで決めていった。

どういう査定でどういうふうに決まるのだろうか。財務省のOBと話したことがあるが、バランス感覚というか、一種のさじ加減のようなところがあるのだという。これも長年の経験と自分が持っている情報、人間関係を踏まえた直感で何十億、何百億を決めていく。積算はあとでそろえておく。とくに大きい金額になるほど「エイヤッ！」のさじ加減になるそうだ。

領土争いのような省庁間の折衝

省庁同士の折衝は、財務省と予算でやり合うだけではない。私は水産物に含まれる水銀やダイオキシンの件で厚生労働省と折衝したことがある。厚労省が食品中の水銀含有量の摂取量を決めるというのだ。このときの違和感がずっと私に残っている。

有機水銀の摂取量の約９割は水産物による。マグロやキンメダイ、カジキ、サメなどから有機水銀を摂取しているのだ。私の髪の毛を熊本の国立水俣病総合研究センターで測定してもらったら、一般の人は０・１ｐｐｍだが、私は８・７ｐｐｍだった。上限値は20ｐｐｍ。私の値は極めて高かったが、漁業が盛んな宮城県気仙沼市とかイルカ追い込み漁で知られる和歌山県太地町の人も高い。日本では一般的に沿岸部の住民が高い数値を示す傾向にある。

それで水銀やダイオキシンの基準値を２００３年に約半分に下げることが決定された。それを受けて、厚労省との協議に入ることになった。半分に下げるといったが、根拠がはっきりしない。そもそもデータが少ない。データとしてはイラクの小麦に有機水銀を混ぜて発芽しないようにした種もみを食料として食べて水俣病になったケース、それとデンマークのフェロー諸島でイルカを食べていた住民の反応が鈍くなっているのではないかという調査など四つぐらいしかない。どうやって基準を設けたらいいのか難しいが、いずれにしろ決めなくてはいけない。それを受けて協議を行った。

私はこんな基準はやめてくれといった。「クロマグロを週2回、10ヵ月間も食べ続ける人がどこにいるのか。キンメダイを週2回食べる人はどこにいますか。そんなことは現実にあり得ないのではないか。だから、これはやめてもらいたい」といった。しかし、厚労省は聞く耳を持たなかった。計算上はあり得るというので、百歩譲って「これは計算上あり得るが、実態上ありませんと書いてはどうか」ともいった。そもそも一般の消費者が週2回、1年間キンメダイやマグロを食べるにはお金が続かない。1億分の1の確率で起こるものについても書けといわれればそれまでだが。日本では水俣病があったので、水銀に非常に敏感だ。

国立水俣病総合研究センターは、水俣病が峠を越し、水産物に入っている水銀の含有量の分析とか試験研究を一生懸命やっている。これは私の理解だが、重点的に研究した成果を得たいという気持ちがあったようだ。本当は社会的に許容される範囲内でやればいいと思うが、最終的に権限は厚労省なので、引っ張られる形で決めてしまった。その結果は、厚労省の『これからママになるあなたへ――お魚について知っておいてほしいこと』というパンフレットにまとめられている。

外交交渉の「対処方針」

私が水産庁で捕鯨交渉をやっていたとき、よく接する省庁は外務省だった。ほとんどの人は聞いたことがないだろうが、国際会議に出るときは事前に国家としての「対処方針」を決めてから行く。対処方針とは、基本的にどう対応するかという方針だ。捕鯨問題なら科学的根拠に基づく持続的利用などを決めておく。主要議題があるので、その主要議題についてどう対応するかをいちいち決めるのだ。

環境問題ならCO$_2$を何%まで抑えていい、その範囲内だったら賛成するとなる。調査捕鯨については、各国が反対しても、反対意見に留意しながら基本的に実施することを表明する。なるべく投票は無記名投票に持っていくことを支持するとか、そういうことを全部決めておく。そのうえで会議に臨む。出てみて議題に入っていないものについては、本国に訓令（電報）を送って意見を求める。

捕鯨交渉の場合、外務省は最初の原案を書けないので、通常、水産庁が原案を作成していく。その場合は、関係業界や科学者、各国の動向、最近ならＮＧＯ（非政府組織）の動向を踏まえなくてはならないが、それを外務省に持ち込む。他省庁に関係するものについては、経済産業省や厚生労働省の話も聞いて対応方針に書き入れる。

大きい案件で官房長官、官邸まで行くものについては事前に対処方針を詰める前に官邸に行って了解を得る。官邸といっても、総理大臣までいくのか、官房長官で止まるのか、事務の官房副長官までなのか、政務の官房副長官までなのか、それはあくまで官邸の判断だ。私たちの場合は官房長官が多かったが、総理大臣まで行くことも少なくなかった。

一番議論したのは事務の官房副長官と政務の官房副長官だった。私たちがよくいっていた頃の政務の官房副長官は安倍晋三（あべしんぞう）だったが、外務省の田中均（たなかひとし）と３人で面白い議論になったこともあった。最終的に新しい計画で捕鯨船団を出すときは、その直前に官邸の最終判断を仰いだ。

相変わらず地方を縛る中央

各県との協議も霞ヶ関の官僚はよく行う。戦前、日本は中央集権国家だった。地方の知事も幹部職員も中央で任命した。戦後は地方自治改革が行われたにもかかわらず、まだ中央の力が強い。農地の宅地転用の問題とか、私たち農水省の法律事項も、こんなことまでいちいち中央に相談するのかということが多く残っている。地方にどんどん権限委譲しましょうと地方分権一括法で定められているが、なかなかそうなっていない。人事の面でも中央から県に出している。それで中央とのパイプが太くなるというが、むしろ拘束が強くなっている。

それから補助金も縛りをかけている。「ひも付き補助金」から「一括交付金」の方向になってきているが、まだ多すぎる。地方分権一括法も、よく読むと「ここの部分については地方に権限を委譲しない」といった内容が多すぎる。地方と中央の話し合いは、一方的に中央から地方にものをいっている感じがする。

私も最近、地方に行って、県の人たちと委員会をつくって、中央の問題を検討してみたり、是正措置について勧告してみたり、現場から新しい政策提言をしてみたりするが、中央の権限が足かせになっている。本当に国の縛りがネックになっている。地方で完結する行政は山ほどあるが、それらを中央が手放したくないという感じがする。

大学・研究機関との協議は、日本とアメリカを比べればわかる。たとえば諫早干拓（福岡県・佐賀県・長崎県・熊本県にまたがる有明海内の諫早湾における干拓事業だが漁業への影響が大きいとされる）、原発の放射能（東京電力福島第一原子力発電所の事故による放射能汚染の学術的調査は不十分とされる）、温排水の海洋への影響（原子力発電所による高温の排水の海洋資源に対する影響調査も不十分とされる）など、科学的専門的知見を大学とか独立の科学者に求めているのかと思われる。

諫早干拓は農産振興局、つまり干拓をやりたい人たちでアセスメント（環境影響評価）をまとめている。それに対して水産研究の人たちは実質的に影響を及ぼすことは何もいっていない。原発の放射能の研究についても、内部被曝の問題とか蓄積の問題はほとんど行われていない。経済産業省以外の研究機関が独立独歩でやればいいが、文部科学省なども原子力産業とけっこう関わりがあって、独立の機能が必ずしも果たされていないのではないか。水産関係の研究機関についても電力中央研究所から、つまり原発の会社からお金をもらっている。それで中立的な仕事ができるのであろうか。

日本の科学研究機関や大学は政府や業界から独立した機関であるべきだ。大学もそうだが、中央省庁から人を受け入れることは予算を得られるというメリットが大学・研究機関側にあるが、デメリットもある。中央から人が行ったら独立性が失われる。文部科学省から独立していないことになる。しかし、科学の独立性を目指すべきところを、役人がボード（理事会）メンバーとして運営や予算の使い方に口を出したら、研究に直接口を出さなくても、「マネー・スピークス」なので、研究や人事に介入することになる。結局は透明性をどう確保するかになる。日本はここがポイントではないかと思う。

中国電力上関（かみのせき）原子力発電所（山口県上関町）の問題があったときも、水産総合研究センターは動かなかった。本当に重要な案件はアンタッチャブルにしてしまうところがある。最近は、一般の市民やＮＧＯとの対話は避けられない。ネット社会が進んだ結果、一般の人も専門的な情報を得られるし、ワシントン条約や地球温暖化でも、日本のＮＧＯが国際会議に出ることが増えてきた。

私が役所に入った頃の政府の代表団は、政府か業界のどちらかだったが、外国はそうなっていなくて、一般の人たちも入っていた。日本もそういう時代になっている。業界もどこかの団体を窓口にしたり、組合長を窓口にする時代は終わった。多様な意見があるので、それを汲み上げるシステムを構築する時代に入ってきたのだと思う。

規制改革はどこまで進む？

今も内閣府に行政刷新会議の規制・制度改革に関する分科会、自民党には規制改革会議があって提言をしている。自民党の森総理の時代から規制制度の改革の議論が始まって、今まで引き継がれているが、どのような制度改革を目指しているのか、政党の成り立ちと綱領から見てみたい。

自由民主党は1955年体制で自由党と日本民主党の保守合同により結党した。綱領ははっきりしていて、憲法改正であり、保守合同はそれが目的だった。これに対立するのが日本社会党（当時）で、現行憲法の維持という対立軸できたが、自民党の場合は経済成長とアメリカとの間で安全保障を安定化させるということを基軸にし、高度経済成長でこれが成功した。都市と地方のバランスある開発では、都市または大企業が海外を中心に稼いできたおカネを地方に万遍なく再配分することで地方の急激な混乱を避け、日本全体を底上げさせて、社会的な混乱なく治めるという点で成功したと思う。

しかし、現在のようになってしまうと、企業が稼いだ税金、国民の預貯金を原資として国債として発行し、地方の疲弊したところを補填していく。今緊急に必要なのが東日本大震災からの復興に当てる原資をどう確保してどう配分するか、このへんをどう変えるかが、これからの課題だと思う。

　１９９３年、自民党の内部対立で小沢一郎らが割って出るが、自民党が分裂して８党連立の細川政権が成立した。このとき小選挙区制ができる。１９９４年に社会党と自民党が連立政権を樹立した。このときの防衛庁長官が玉沢徳一郎（たまざわとくいちろう）といって、岩手県出身。アメリカに向かう飛行機のなかでレクチャーを受け、それで行きましょうと社会党が「自衛隊は違憲」という立場を変えた。

　自民党が主導権を回復して、２００１〜06年には郵政改革を目指した小泉政権が続く。その後、安倍、福田、麻生（あそう）で政権を失い、民主党の鳩山（はとやま）、菅（かん）、野田に続く。民主党の特徴は、自民党と違ってプラットホームがないことだ。この政党は何かが不明瞭である。これが大きな特徴だ。もとは、新党さきがけ、自民党の一部、民社、社会党の右派が寄り集まって民主党を結成し、小沢一郎が合流して２００９年に政権を獲得したが、その反動で自民党が２０１１年に参院選で勝利した。

　民主党はマニフェストに、ガソリン税の廃止、コンクリートから人へ、子ども手当を掲げたが、すべて破綻した。農協改革、農協・漁協の経理の透明性、それも白紙に戻された。

規制改革と農林水産食料分野の改革をどう考えるか、２大政党制の理念と考え合わせてみると、明確な方針が示されていない。日本の農林水産業の将来の規模や在り方、耕作放棄地をどうするか、米の生産量をいくらにするか、農業をやる人は誰でも農地を取得できるとか、漁業ならヨーイドンの競争をすると資源の乱獲になるので、全体の取り分を決めて、個別の漁獲割当制度を導入すると乱獲が防止できるといった政策。これを民主党が導入するといったにもかかわらず、これもさっぱりやっていない。補助事業を縮小するといったが、むしろ自民党以上に農協や漁協に配慮したやり方をした。国民に見放されたのも無理はない。

第6章

出る杭は打たれる、出ない杭は腐る

ここまで日本と日本人が数々の問題を抱えていることを書いてきた。硬直した日本の組織、多様性や異なる見解を排除しようという単一思考、将来の日本を背負って立つという覇気が感じられない若者たちなどなど。しかし、時代は変革を求めている。

それなら自分が力をつけて現状を変えたいという人にとって大きなチャンスだ。将来のビジョンを描き、それを実現しようという競争相手は少ないのだから。この章では自力をつけるための具体的な方法を紹介する。

「出過ぎた杭は打たれない」

「出る杭は打たれる」ということわざがある。才能や手腕が抜きんでている人は人から羨ましがられるとか、さし出たことをする人は他人から非難され制裁を受けるといった意味だ。目立つ人や異質な人を排除しようとする日本社会の問題点をいい表している。

しかし、私にいわせれば「出ない杭は腐る」のだ。杭も釘も長らく木のなかにとどまっていると確実に腐ってくる。具体的にいえば、組織のなかで頭を持ち上げない、ほかの組織と接触しない、組織から飛び出そうとしない人は使いものにならない可能性が大きいのだ。

「出ない杭は腐る」というのは、努力しない人間は、その組織にも社会にも貢献しないということだ。そういう意味で、「出る杭は打たれる」のではなく、「出ない杭は腐る」といい換えてポジティブに理解していただきたい。

ちなみに、「出過ぎた杭は打たれない」という名言もある。中途半端に出るから打たれるのであって、誰にも打てないほど飛び出してしまえばよい。ただし、そうなると他人との闘い以上に自分との闘いになる。杭が出過ぎた状態を維持するのは並大抵の努力ではないという意味になる。

本章では、「出過ぎた杭」になるための方策を考えてみる。

「出過ぎた杭」になる

「出過ぎた杭」になるのはどうしたらいいのか。

自分にしかできないこと、他人以上に強みがあること、他人以上に情熱をかけて取り組んでいることを持てばいい。それは仕事上でも、仕事以外でもいいが、若いうちに大事なのは仕事だろう。その仕事のうえで、自分の気持ちが納得するくらい入れ込めるものを見つけるのだ。自分が今の仕事で、または環境で与えられたものに対して、一生懸命やり続ければいい。

人間は他人がやっていること、今やっていること以外に羨ましさとか妬みとかを感じる傾向があるが、自分が手がけていないことには強みもないし、それをこなす権限を与えられるわけでもないし、やれる環境にあるわけでもない。自分が仕事で与えられることを一生懸命こなして、徹底的に掘り下げていく。それを何年かやっていくことが大事だ。

それを掘り下げてやっていると、もっと知りたいとか、いい仕事をしたいとか、いい製品をつくりたいとか、いいサービスを提供したくなる。たんに深めるだけでなく、広がりを求めたくなる。たとえば、自分と同じ仕事をやっている人はどんな仕事の進め方をしているのかとか、自分の仕事と類似性がある仕事をやっている人はどんなことをやっているのかという広がりを持ってくるのだ。違った観点から自分の仕事を見直してみると、これまで見えなかったことが見えてくる場合がある。つまり、深めながら広がりを持たせ、その両方をやっていく。すると確実に他人に比べて自分が秀でていく。秀でた分だけ自信となって現れてくる。

若いうちは、一つの物事に深まりと広がりを求めるやり方を、短くても3年、できれば10年を費やしてもらいたい。大きな会社では人事異動で3年ごとに部署を変わり、スペシャリストではなくジェネラリストの経験をさせられることが多いが、私はむしろ1ヵ所にとどまって、そこを原点にして深掘りと広がりを求めたほうがいいと思う。

そうはいっても、そうした環境に置かれず、人事異動をさせられる場合は、つながりや共通点を見出せばいい。今やっていることは白で、次に黒をやれといわれてもなかなかできない。要するに何年かかけて少しずつ、白から灰色になって、少しずつ黒くなっていく。少しずつ変わることによって、自分が持っている専門性を変えていったり、専門性を2つ

3つに増やしていく。

専門を一つではなく、もう一つ持つことも重要だ。私の場合は、水産庁にいたから海洋資源に専門性を持ったほか、たまたまアメリカの大学でMBA（経営学修士）を取ったので、海洋資源を経営学と組み合わせて、海洋資源の管理という問題を経営の観点から見ることで相乗効果が出るようになったし、それに英語力も加えて三重の相乗効果が出たと思う。いくつかの柱を持てば、足し算ではなく掛け算のように能力を発揮することができる。

ただし、専門が多ければ多いほどいいというわけではない。自分が配分する時間との兼ね合いもあるし、自分の能力の限界もある。結局、何をやっているのかわからなくなるかもしれないので、そこは自分自身で判断するしかない。「資格マニア」と呼ばれる人がいるが、やたらに資格を取ってもしようがない。使える資格を取ること、そして資格を使って磨きがかかるものがよい。

資格は使わないと意味がない。私の知り合いで農水省職員が人事院の試験に受かってアメリカに留学したが、国際交渉に配属されないと生きた英語が使えない。せっかく留学してもその経験を生かせなかった。私の場合は帰国して、ずっと国際交渉の場に置かれたので英語の能力を維持することにもつながった。今は年に何回か仕事でもプライベートでも海外へ行くし、原書を読んだり、英語の映画を観たり、ラジオを聴いたり、自分で努力している。

専門性を磨く

社会人向けの大学院もある。時間と金銭の余裕があって、職場と家庭の理解があれば、行ったほうがいいだろう。独学でやるのもいいが、専門性を持っている人から教えてもらうに越したことはない。

自分の専門性を磨けば仕事に生かせる。自分で何を選択するかによるが、私の場合は自然産業科学からまったく関係のない経営学、MBAでは会計学や財政学、マーケティング、組織論をやったので幅が広がった。

専門性を複数持ちたかったら、大学院を勧めたい。学位が取れればなお良いし、学位が取れなくても目的は良い意味での教養なので、それができるならチャンスをものにするといい。

私は2005年、「国際海洋資源の持続的管理に関する考察」というタイトルで論文を書いて東大で博士号を取得した。捕鯨交渉に関して6割、マグロ漁業に関して3割、残りが国連機関の交渉とかワシントン条約の話を入れた。論文を一つのテーマに絞らないで、クジラとマグロを中心に全体を俯瞰（ふかん）する視点は、海洋学や水産学に加えて、経営学を学んだから持てたと思う。

海産物を獲ってくるだけでは経営ではないし、科学、国際交渉、文化論を論文に取り入れ、それぞれが相互関連をしていることで全体を俯瞰した。自分でいうのもおこがましいが、ユニークな博士論文だと思う。

役所の先輩には、「小松君、その論文には何か新規性があるのか？」といわれたことがある。日本の論文の多くは、非常に狭い部分で何か発見したとか、こう分析をしたというのが多くて、それが論文だと思っている人がいるが、私はもっと広い視野で、バラバラだった要素を束ねていった。資源管理のことだけを書いてもわからないので、条約とどう関係するのか、獲ってきたあとの流通の問題や、企業経営の観点から調査捕鯨の問題を論じた。歴史的に見て日本の水産文化がどのように維持され、それが国際交渉にどんな影響力を持っているのか。そして今後、国際交渉で日本の立場をどう展開していけばいいのかというオプションをそこで３つ示し、そのうちの１つが最善の策だと示している。そういう論文はあまりないと思う。Ａ４版にびっしり書いて１００ページ強。博士論文は量ではないが、私は字が小さくてびっしり書いたので多いと思う。

ほどほどのコンプレックスが原動力

私は医学部を出て医者になりたい気持ちもあったが、医学部はストレートで入る自信がなかった。大学4年生のときに医学部を受験し、さらに1年留年して医学部を受けようとした。ところが、大学の教授や研究所の部長から公務員試験を受けろといわれて受けたら国家公務員の上級試験に受かっていた。

彼らは「お前、国家公務員試験に受かって辞退するのは2つの意味で問題だ。1つは親不孝だ。今さら6年間学校に通うのか。2つ目は、上級職の公務員試験に受かって、それに行かないとなったら後輩が迷惑する」ともいった。そして海洋調査船に乗れといわれて無理矢理乗せられて、それで医学部受験を諦めた。

いまだに何となくくすぶっているのだが、1回チャレンジして失敗したので気持ちが晴れたというべきだろう。国家公務員上級職試験に受かるのは名誉なことだし、役所に入ってからは人事院が行う留学生試験で50倍の難関に受かってイェール大学に留学した。その後、東大の学位も取った。人一倍の努力を重ねてきた結果だ。

ほどほどのコンプレックスなら、まったくないよりいいと思っている。コンプレックスをどう振り向けるかはその人次第だが、ポジティブに使えば原動力になり得るのだ。

受験で失敗した人のほうが、成功した人より多いだろう。自分が行きたい大学や学部に進めなかった人のほうが多いことは、定員と受験者数を見ればわかる。そのときにどう考えるのか、人生の現実を突きつけられる。

逆に若いうちから受験で苦労せず、会社で立身出世して社長に就任したり、役所でいえば事務次官まで行っても、どれほど社会に貢献したのか、気持ちのうえで満足しているのか。人それぞれだろうが、基本的には自分の心持ちだろう。

むしろ、ほどほどのコンプレックスを持っていたほうが、やり残したことをやりたいとか、もっと頑張りたいとか、自分の能力を高めて貢献したいとか、そういうことにつながるのではないだろうか。

屈辱的な日本人の「3S」

日本人は国際交渉が下手だといわれるが、私が思うに原因は語学力のみにあるのではない。もっと深いところにある。「語学力の不足」に加えて、「語るべき内容がない」ことと

「リスクをとろうとしない姿勢」のせいだ。

国際会議の場での日本人の様子を揶揄（やゆ）した「３Ｓ」という言葉がある。すなわち、Silence（沈黙）、Smile（微笑み）、Sleep（居眠り）である。何もいわずニコニコしていて、あげくの果てには居眠りするという、まことに不名誉で屈辱的な言葉だ。

外から見ると、何も主張しない日本人の態度は非常に奇異に映る。おそらく当人たちは、何もいわない、何もしないということでリスクを避けているつもりなのだろう。しかし、黙っていると誰にも相手にされないし、結局他国が決めた不利な条件にただ従うだけということになってしまう。結果的に悪い結果を招きかねないのだから、「何もしないことでリスクを避けられる」というのは幻想に過ぎない。戦後、長い間こういうことを官民ともに日本は繰り返してきたのだ。

そういう私も、ＩＷＣ（国際捕鯨委員会）科学委員会で、反捕鯨国の主張を退け、調査捕鯨を維持・拡充する交渉ではずいぶん苦労してきた。というのも、反捕鯨国の英語圏の委員がわざとネイティブにもわからないような早口のしゃべり方をし、スラングを使うからだ。この戦術に対して、私は２つの対策をとった。

１つは英語以外の言葉を会議の公式言語に加えることで、会議に通訳を入れることを主張した。国連機関は英語以外にアラビア語、スペイン語、フランス語、中国語、ロシア語の5つの言語を公用語と定めている。基本的に会議は英語で進むが、そこにこの5つのうちから、たとえばフランス語を使用言語として加える。すると通訳が会議に入るようになり、早口でしゃべる人には、通訳が「スローダウン（ゆっくり）」と注意し、訳せない言葉には説明を求める。これで彼らの戦術を封じることができる。プロの通訳でもついていけないスピードが、われわれにわかるわけがない。意図的に速く言葉をまくしたてることで、有利に議論を進めようとしていたのだ。

2つ目の対策は、交渉の常套手段だが、相手より先に発言して議論の土台をつくってしまう。最初の発言が議論のベースになるのだから、こちらに有利な議論ができるよう準備して提案すればいい。その後もどんどん発言することで交渉の主導権を握るのだ。

言葉に対するハンディがあるのなら、どうやって交渉の主導権を握るか、いかにして自分の主張を周りに浸透させるかという原点に返ればよい。自分の土俵で会話を進められれば、多少は語学力が不安でも内容で主導権を取ることができるし、自分から話すことであれば事前にいくらでも準備ができる。受け身ではダメだ。理解してもらうには事前にいいたいことをペーパーにまとめて渡しておく。手の内がバレるなどと考えてはいけない。交渉とは、自分が相手に何を求めているのかをはっきりさせることだ。

悔しい思いが原動力

2年間の留学で身についたのは、英語力よりも自信だった。膨大な課題に追われる日々を乗り切って、「これで自分はこれからどんな大変なことがあっても乗り切れるな」という自信がついた。ただ、当時を振り返ると、毎日英文を読まされていたとはいえ、どこまでサブスタンス（内容）が理解できたかは疑問に思う。

たとえば、「メイシーズ」という言葉が聞き取れても、それが百貨店の名前だと理解していなければ意味がない。日本人ならトヨタ、ホンダ、スズキと続けば、自動車メーカーの話をしているとわかるようなものだ。言葉がわかっても、サブスタンスがわからないと、その裏にある生活や文化や社会がわからない。言語能力を高めるだけでは不十分で、その国での常識や背景まで知らなければならない。とくに、米英はキリスト教に関係する用語や歴史的背景、それに多くの文学作品が登場する。これらの理解が欠かせない。

大変だと思うかもしれないが、逆にこれが勉強に役立つこともある。交渉テーマが専門的な場合、ある程度使う言葉が限られているので、勉強する必要のある範囲も限られてくる。漠然と英語を勉強するのではなく、その分野について、英語でも母国語でも徹底的に詳しくなることが、交渉力を上げる近道になるのだ。

不当なことや明らかな誤りに基づいて相手が主張したときは、すみやかに反論しなければならない。私は相手が不当なことをいっていると思ったときは、徹底して反論した。その根底にあるのは、議論に対抗できなかった悔しさだ。相手の意見を論破する知識の蓄積をして次回に挑む。これが長い意味では、膨大な知識や見識の形成に役立つ。

外国に行って悔しい思いをしたことがあるかどうか。この差は大きい。私はアメリカに留学しているとき、「ジャップ」などと呼ばれるとハラワタが煮えくり返る思いだった。外国で言葉に困っていた日本人を助けたこともあるが、侮辱されても反論せず、ただニヤニヤ笑ったり、キレて怒ったりする姿は非常に情けないものだ。

外国との交渉に当たる人は、絶対に不当に負けてなるものかという決意を胸に秘めていなければならない。自分や自分の味方が批判されたり侮辱されたときは、細かいことでも必ず反論することだ。不当な言動を放置してはいけない。

すぐに効果的な反論をするには、相手がどんなロジックで攻撃してきたのかを正確に理解し、同時に適当な英語表現も考えなければならないが、いつもできるわけではないだろう。そこで大事になるのが、悔しいと思えるかどうかだ。悔しければ勉強するしかない。その場でわからなかったとしても、次は反論できるようにしておく。わからないことを放置しておくか、悔しさをバネにコツコツ潰していくか、日々の蓄積の違いが、やがて大きな差になってくる。

小松流語学習得法

仕事に英語が必要な場面が増えているので英語の勉強に励んでいる人が増えているが、これからはますます英語が必要になってくる。

私も若い頃は朝晩、英語学校に通った。出勤前に週3回、帰りは週2回から3回、さらに当時は日ソ漁業交渉でロシア語が大事だと思ったので、代々木にあったミールというロシア語学校に通って勉強した。いまだにロシア語の一部を覚えているが、結局はものにできなかった。国際機関とか国際交渉でロシア人と一緒になるので、片言の日常会話くらいはできるが、それだけでも場が和む。私がロシア語を勉強しているというと、ロシア人から教科書をもらったことがある。

ローマに赴任していたときは、イタリア人の家庭教師についてイタリア語を習った。イタリアに行く前から日伊学院やイタリア協会で勉強した。おかげでイタリア語は日常会話なら不自由なく話せるようになった。

そうした経験からいうと、語学が上達したかったら1日30分でいいからコツコツ続けることだ。仕事に対する姿勢や人との関係を結ぶのと同じように、語学もコツコツやってみるといい。具体的には自分の興味があるテーマの本や小説を原書で読むことだ。

今でも週末は英語の勉強

私は大学までの受験勉強を除けば、英語の勉強を22歳で官僚になってからの7年間と、29歳からのイェール大学への2年間の留学を通じて集中的に行った。官僚になって7年間も英語を勉強し、2年間もアメリカに留学すれば、英語は完璧だろうと思っていた。それは甘かった。

毎日膨大な課題が出るアイビーリーグのビジネススクールで、寝ていても脂汗が出るような英語漬けの日々を2年間送り、留学期間を終えて水産庁に帰ると、上司からインド人の英語を通訳するよう頼まれた。しかし、私には彼らの話す英語がさっぱり聞き取れなかった。だからといって、アメリカ人の話す英語なら完璧にわかるかというと、そんなことはなかった。ビジネススクールを卒業したのに、英字新聞を読んでもわからない単語だらけ。英語圏の新聞をスラスラ読めるようになったのは、この10年くらいだ。それでも現在も他方面の原書を読んでいるが、知らない英単語のオンパレードである。わからない単語は、そのたびに今でも電子辞書を引いている。一生、辞書との格闘である。

何がいいたいかというと、英語力を上げる努力はずっと続けなければならないということだ。とくに語彙（ごい）を増やす作業は一生続くだろう。私は今も英語の文章を読むときは読み飛ばしをせずに、わからない単語は必ず調べるようにしている。読み飛ばせばいいという人もいるが、これは姿勢の問題だ。

イェール大学ビジネススクール（MBA）の新キャンパス

一語一語正確に言葉を理解していないと掴めないものや表現できないことがある。とくに交渉のようなデリケートな場面では、言葉をおろそかにしてはいけない。今でも私は英語の本を週末の2日間を使って100ページずつ読むようにしている。ほかの仕事もあり、それを実践するのは大変である。日本語に比べると読むスピードは半分だが、何とかスピードアップしようと努力している。

現在はジョン・スタインベックやハーマン・メルビルとアーネスト・ヘミングウェイやマーク・トウェインも読んでいる。

英語「で」教えられる教師

最近は学校でコミュニケーション重視の英語教育が行われているそうだが、私が自分の英語力を上げるのに最も役立ったのは、膨大な量の英文読解だったと思う。英語で交渉し、喧嘩したいなら、とにかく英文を読み、語彙を増やさなければダメだ。たんに言葉を覚えているのではなく、英語を通じて教養を身につけていると思えばよい。英文読解が役に立つ理由は、たんに英語の勉強をしているのではなく、英文情報を読むことで新たな知識と教養を獲得することができるからだ。

だからこそ、英語を教える教師には広く深い教養が求められる。細かい「てにをは」より先に、内容を教えないと語学は身につかないと思う。スタインベックでもヘミングウェイでもシェイクスピアでもハリー・ポッターでもいい。英語だけでなく、英語で書かれた哲学や文学をきちんと教えられる教師が望ましい。

英語「を」教えるのではなく、英語「で」教えられるかどうか。そういう教師が周りにいないなら本を読めばいい。最近ならマイケル・サンデルなどでもいい。邦訳を読んでから原書に挑戦してもよい。

膨大な知識と教養と思考が必要

相手に対する尊敬の気持ちを持つことと、わかりやすく明快な言葉を使うことが、相手に自分の意見を伝えるコツだ。国際会議で「シャラップ（黙れ・shut up）！」と発言して顰蹙（ひんしゅく）を買った日本人外交官がいたが、私にいわせれば、「シャラップ！」という発言が出る以前に、お互いに尊敬と信頼関係が築けているかということであり、そちらのほうが重大な問題だ。

真剣勝負の場では、ときに激しい言葉を使ったり、怒りを表明することがあるかもしれない。だが、そのようなときこそ、相手に対する尊敬の念を保てるかどうかが、子どもの喧嘩と大人の喧嘩の駆け引きの違いなのだ。

わかりやすく明快な言葉を使うというと、簡単なことだと思うかもしれない。しかし、やさしい言葉だけでいいたいことをいうほうが、実はずっと難しい。シンプルな表現をするためには、物事に白黒をつけて、自分の考えを明確にしておかなければならないからだ。

物事の白黒をはっきりつけるには、どちらかを取り、どちらかを捨てる決断をしなければならない。決断するためには、知識と情報を集め、じっくり考える必要がある。一つの回答や主張を導くということは、それだけほかの事柄の可能性を捨てるというリスクを取ることでもある。

私は日本人が英語に向いていないとは思わない。ただ、ふだんから物事を考え、決断する姿勢を保っている人には向いているが、そうでない人にはつらいと思う。日本語なら許される「曖昧さ」を英語は許してくれない。明快な言葉を発するためには、膨大な知識と教養と思考が必要なのだ。

「曖昧さ」を避けるという意味では、わからないことがあるとき、すぐに質問できるかどうかも大事だ。理解の浅い人間ほど、わかったふりをしたり、難しい言葉を使ってわかったような気になっている。疑問を疑問と思わず、質問をしなくなることのほうが恐ろしい。基本的なことを尋ねる「質問力」が最も大切であるとイェール大学の前学長リチャード・レビンから学んだ。外国人とのコミュニケーションならなおさらだ。異なる文化背景を持ち、異なる言語を使う人間同士が話すとなれば、どんな誤解が生じるかわからない。これを質(ただ)すことが原点だ。

こんな話がある。外国で長く暮らした女性が、日本で近所のご婦人方との会話に参加したとき、「あれ」とか「それ」という表現がやたらと出てくるので、「〝あれ〟って何ですか?」と聞いたら、誰も説明することができなかった。冗談のような話だが、主語を曖昧にする日本語でのコミュニケーションに慣れきってしまうと、こんなこともあるのだ。日本人同士なら構わないかもしれないが、外国人と接するときは「曖昧な日本人」であることをやめなければならない。

原書を読んで英語を勉強する

英語の本の読み方は2通りある。時間があるときは電子辞書で徹底して調べて、わからない単語を書き出していく。もう1つの読み方は、わからない単語はチェックをつけながら読み飛ばしていく。背景にキリスト教とかギリシア哲学があったり、それに星座や地名などがわからないので、霞がかかったように感じるが、それは飛ばして読んでいく。

スタインベックの『エデンの東』は600ページあるが、私の場合、450ページは丁寧に読み、あとの150ページは電車に乗っているときなどに飛ばし読みをした。飛ばし読みするのは、英語力がある程度ついてからのほうがいい。

英語の本を読む効果は、格段にヒアリング力がアップすることだ。英語を読めない人は、英語を聞けないし話せない。だが、読んでいると話す力もついてくる。というのは、暗記はしないけれど、英語の構文が頭のなかに入ってくるからだ。そうすると口をついて出てくる文章がなめらかになる度合いがものすごく進む。

日本人は英語ができないのは、ヒアリング能力がないからだと思っている人が多い。だから「聞くだけで英語が話せるようになる」といった教材が売れたりする。そんなもので英語が上達するなら私もやりたい。本当に聞くだけで英語が話せるなら、こんなに楽なことはない。

しかし、私にいわせれば、英語が聞き取れないのは単語力がないからだ。極端に語彙が少ない。英語は同じ意味の言葉でも10も20もある。「バカ」なら、「ステューピッド(stupid)」「フール(fool)」「アスホール(asshole)」「ルーピィー(loopy)」などある。最後の単語は、鳩山由紀夫(ゆきお)元首相がアメリカ人からいわれた。失礼な話だ。そうした単語を全部覚えないと、日常会話とかニュースとかトークショーがわからない。しかし読めば読むほどそれがわかってくる。

英語がわかれば、世界の情勢や科学や文化でも、日本語の翻訳では全然入ってこないものが確実にわかる。最新のものでも、翻訳本が出る前からわかる。翻訳本と読み比べてみれば、ニュアンスや文章の表現力が違うのもわかる。メリットはいくらでもあるが、唯一のデメリットは時間がかかることだ。でも、時間を損したと思うか、それが全部糧になると思うか——。

英語のニュースを録音して聴く

英語の本の読み方の話を続けると、自分の仕事に関係することは比較的読みやすい。私の場合なら、専門のクジラやマグロの話、漁業問題、海洋生態系のエコシステム、リーダー論、交渉力などは知識があるし、決まった術語を覚えてしまえば苦労せずに内容を理解できる。マーケティングや金融、電子工学、通信技術などが専門なら、専門書を読みこなす習慣を身につけることが大事だ。

ただし、専門書だけでは不十分だ。専門書というのは人間の生の暮らしや人の心の動きまで踏み込まない。ふつうの人と英語で会話をしたり、議論をするには、小説や歴史書、哲学書などを読む必要がある。

英語の本だけでなく、ラジオで英語放送を聞くか洋画を観るといい。英語のニュースは機関銃のような早口なので語彙力がないと聞き取れないが、国内ではほとんど報道されないパレスチナ問題やエボラ出血熱、米国の公的健康保険や銃規制の問題などがわかる。そうした情報を得ることは、教養の豊かさや的確な判断力にもつながってくる。洋画を観れば欧米の社会的背景などもよくわかる。私の場合、ニューヨークを知りたいときには、そこを舞台にした『ティファニーで朝食を』や『追憶』などを観て生活文化などを学んだものだ。今の若者ならば、海外ドラマの『24（トゥエンティフォー）』や『ＥＲ緊急救命室』などを見るのもよいだろう。

英語放送はｉＰａｄなどで録音しておけば、理解できるまで聞き直すこともできる。昔はラジオにテープレコーダーを接続して録音したものだが、今のモバイル機器ならボタン操作一つで録音までできる。そうした努力ができる環境を整えることから始めるといい。

第7章

何が人の幸せなのか?

この章では「人の幸せ」について考える。戦後の日本は経済的に豊かになれば国民が幸せになれると懸命に頑張ってきたが、皮肉なことに豊かになるほど幸せが遠のいていったと実感する人が少なくない。貧乏な生活を自ら実践した南米ウルグアイのムヒカ前大統領が「貧乏な人とは少ししか物を持っていない人ではなく、無限の欲がありいくら持っていても満足しない人のことだ」と名言を残しているが、物欲にとらわれると幸せは得られないのだと思う。

では、人はどうすれば幸せにたどり着くのか。私は人との豊かなつながり、自分の使命を達成したという満足感、社会に貢献したという手応えなどを得られたら自分は幸せだと実感できるのだと思う。あなたにとって幸せとは何かを考えていただきたい。

自分の心に忠実な生き方

人間は年をとると「いずれは死ぬ。なら世に貢献」という気持ちが大きなウエイトを占めるようになる。ハーバード大学のデレック・ボック元学長著の『幸福の研究』やロナルド・A・ハイフェッツ他著の『最前線のリーダーシップ』にも「人間はいずれ死ぬのだから、いかに世の中に貢献するのか」が生きがいにつながると書いてある。

その生きがいとは他人との関わりから生まれる。他人にいかに貢献して、信頼関係ができるかである。しかし、今日生きるために安易に短期的な利益を求めて、他人に迎合するのではなく、自分が、社会のために必要であると考えることを実践することによって得られる。そして、社会のために、将来を見据えて正しいと考えたことを短期や目の前の利益に迎合することなく、自分が得心する自分の心に忠実な生き方ができるかである。

このようなことができる人は、非常に幸福な人だ。それで一生、食べていかれたら、それこそ幸せというものであろう。そのような生き方が、私たち日本人にも、つい最近まではできていたような気がする。

日本が高度経済成長で豊かになり、多くの人が大学教育まで受けたが、その教育が、自分の生き方が容易になる手法、すなわち技術的手法を教え過ぎて、人としての生き方を、少し忘れかけているのではないかと思う。

最近、カリフォルニア州のモントレーに行って大きな出会いをした。ジョン・スタインベックである。スタインベックはモントレーという港町が大好きで、その近郊20マイルほど内陸に入った町サリナスの生まれだ。今でこそモントレー湾は再生したが、一度は住民たちが寄ってたかって海を殺している。殺した海に対して、復活させようと立ち上がったのがスタインベックだった。

彼自身が人間をきちんと見て、サリナス川渓谷の地理を見て、風土を見て、歴史を見て、その集大成として『エデンの東』を書いた。『怒りの葡萄（ぶどう）』を書いたのは37歳だったが、『エデンの東』を書いたのは50歳。彼の生き様が『エデンの東』に込められている。できるだけ自分に正直に、他人を騙さず、自分を騙さず、真面目に生きる姿を描いた。

お金を儲ける奴は嫌われる、貧乏な奴ほど心が豊かだとも書いているが、孤独だとも書いている。孤独からはどんな人間も逃れることができない。しかし、真実の生き方をした人間の孤独感と、金儲けや地位名声を目指した人間の孤独感は違う。黙ってボーッと消えていくか、あいつが死んでよかったといわれるか、その差を『エデンの東』は書いている。

ジェームズ・ディーンが主人公キャルを演じた映画『エデンの東』は小説全体のほんの触りではあるが、ラストシーンで死にゆく父親アダムとの別れ際にキャルがささやいた「私を信じてくれ、私を許してくれ」というセリフがポイントだ。そして父は許すという。本当は、許してもよい、自分の好きな生き方で生きてもよい、信じるところで生きなさいという言葉だ。「Timshel（あなたの心の赴くままに）」といったのだった。不思議な言葉だ。人生は、心に忠実に自分の選択肢で生きろという言葉か。

30代では気づかなかったが、60代になった今は、「真実の生き方」、「人はいずれ死ぬ。一度の人生、世に貢献」という意味がわかりたいと思う気がする。カネには恵まれないのはつらいかもしれないが、死んであの世にカネを持っていけるわけでもない。

モントレーでは、コンピュータのヒューレット・パッカードの創業者の孫娘のジュリー・パッカードと会った。ヒューレット・パッカード財団の理事で、モントレー水族館の館長を務めている女性だ。モントレーの海をいちど潰して、それを復活させる話が書いてある『The death and life of Monterey Bay』を読んでいた私はジュリーに話しかけた。

「あなたは財団の理事としてモントレー水族館の館長をやっています。モントレーを復活させたのは、お父さんやあなた、あなたのお姉さんのナンシーたちの功績ですね。スタインベックや、スタインベックに影響を与えた生物学者であり哲学者でもあるエド・リケッドの生き方は、あなた方に影響しましたか？」

すると、ジュリーはこう答えた。

「大変影響を受けました。だから私たちは行動したのです」

スタインベックの功績

スタインベックが、いかにカリフォルニアを愛し、サリナスを愛し、山と川と土と農業と人々が関与する全体の関係を愛したのか、ジュリーから贈られた本を読んでわかった。スタインベックはリケッドの支援と教えを受けながら、シー・オブ・コルテスとも呼ばれるカリフォルニア湾の生態系を書いている。そこでも生物がすごく入り組んで相互関連している。だからモントレー湾の海と陸が一体の世界で、人間もそのなかに入っているという考え方をしている。

19世紀半ば、モントレー湾では最初にラッコが殺された。毛皮のコートにするためだ。ラッコがいなくなると、ラッコが食べていたアワビとかウニは天敵がいなくなったために繁殖して、全長30メートルにも成長する海草のジャイアントケルプがなくなる。ジャイアントケルプがなくなると、今度はアワビがなくなっていく。こうして生態系が崩れていった。

１９００年代の初めの頃には、あのへんはマグロとイワシの大回遊地だった。ところが、科学者の警告を無視して、獲りたいだけ獲り尽くしていった。ノルウェーからの資本が入ったり、イタリアからの資本が入ったり、日本からの資本も入って缶詰工場をつくって乱獲した。やがて乱獲で原料がなくなると、缶詰工場も閉鎖せざるを得なくなった。モントレー湾は海草もなくなっているので、死の海状態になった。

イワシの乱獲が続いていた頃、パシフィック・グローブというモントレーの隣町の市長のジュリア・プラット、それにスタインベックとエド・リケッドらが立ち上がって、モントレー湾を守ろうと運動を始めた。これが１９３０年前後で、スタインベックたちはコツコツやるのだが、イワシの漁業者や缶詰工場の連中はいうことを聞かない。イワシの缶詰は大きなカネになるし、市民も働き口が必要だった。モントレーの町もイワシの缶詰で潤っている。だからスタインベックらの運動に対する抵抗は激しかった。そして１９５０年頃、イワシが突然になくなり、モントレーは寂(さび)れた町になった。

しかし、スタインベックやパシフィック・グローブの市長たちが、モントレー湾を回復させるために禁漁区の設定などをやっていたら１９６０年代になって、ようやくラッコが現れ、アザラシもやってきて、少しずつ回復してきた。

そこにパッカード財団が加わり、見捨てられたノルウェーの資本の缶詰工場を買い取り、それを大改装して、今のモントレー水族館をつくった。モントレーの町は缶詰工場がなくなっていったん廃れたが、水族館を中心とした観光の町として、海と共存していける町として再生していく。そういうビジョンはスタインベックやリケッドたちが描いていたもので、回復運動に取り組んでから50年後の1980年になって花開いた。

スタインベック自身は1968年、66歳で亡くなったが、エド・リケッドは1948年に自動車事故で亡くなっている。そういう人たちの、海も山も川も人間も含めた生態系が調和した在り方を実現しようという志は、数十年という長い時間のなかでようやく実現する。

スタインベックは『怒りの葡萄』や『エデンの東』など偉大な小説を遺したが、モントレー湾の生態系を回復するという、もう一つの偉大な成果も遺したのだ。

死後に何を遺すのか

私は水産庁で水産資源の管理に携わっていたので、今の日本の漁業の在り方を懸念している。乱獲で枯渇しかねない魚種が少なくないのだ。そういう魚種に関しては、獲るのはこれだけにしましょうという個別割当制度（ＩＱ・ＩＴＱ）の導入を働きかけているのだが、反発する漁業者が少なくない。

数少ない理解者が新潟県の泉田知事で、私もお手伝いして佐渡島（さどがしま）の海域で、アマエビの個別割当制度の導入が検討されている。乱獲は魚種の絶滅を招き、私たちの子孫が享受すべき海洋資源を食いつぶし、死の海にしかねない。生態系を守るのは、今に生きる私たちの義務なのだ。

海も山も川も人間も一体で取り組み、人間と自然が共存共栄ができるという生き方が欠かせない。それには時間がかかるし、自分が死んだあとに実現するかもしれない。坂本龍馬が死んで、大久保利通が死んで明治国家ができあがり、今の時代にもつながっている。そういう人たちがいなかったら、今の日本国家はなかったかもしれない。それほど大きなスケールでなくても、自分は死んだあとに何を遺すのか。逆にいえば、誇れるものを遺すには、どういう生き方をしたらいいのかを考えてほしい。

「公」と「私」を意識しない日本人

よく公私混同というが、日本人は「公」と「私」の混同がよくある。会社の経費で飲み食いする、虫の居所が悪いと部下に八つ当たりする、通勤電車内でパンを食べたり化粧したりする。最初から「公」と「私」の違いをわきまえていないから、そんなことを平然とやってしまうのだろう。

私の場合は国家公務員だったり、大学教授だったりしたから「公」が大きかった。その延長線上に輻輳(ふくそう)して、「私」の活動が「公」になり、「公」でやっているようで満足感を得られればその満足感は「私」になる。そういう「私」は長続きすると思う。

昔なら「お天道様が見ているから恥ずかしいことをするな」とか「隣近所の面倒をみろ」とかいわれた。暮らしのなかに「公」があった。同窓会に出て協同活動をするのもいい。日本の同窓会は酒を飲んで親睦を深める程度だが、イェール大学の同窓会はみんなで集まって道路掃除をしたりする。

アメリカの同窓会はよく寄付を募る。卒業生に呼びかければ、大学のキャンパスを一つ買うくらいのカネが集まる。とくに財力があるのがハーバード大学で、イェール大学の4

倍は集まる。アメリカの大学は卒業生が成功しているからカネが還元されるシステムをつくり上げている。個人で成功している人や企業のトップは、ハーバード、イェール、プリンストン、コロンビア、コーネルといった大学出身者が多いので、同窓会を大事にする。多額の寄付をすると、その人の名前を施設につけたりする。そもそもイェールという名前は東インド会社の提督にちなんでいて、創立資金を提供したから今も名前を残している。同窓会ではおカネだけでなく、労力を提供したり、ボランティアをしたり、どうしたら社会貢献できるか知恵を出して行動している。歴史をたどると、イェール大学の神学生がキリスト教を布教するために外国に行っている。これもボランティアの一つだ。

日本で「公」というと大それたことのように思われるが、自分の家族を大事にすることから始めるといい。一緒に暮らす配偶者や家族を大事にする、彼岸には先祖の墓参りをする、地域の活動に参加するなど、身近にできることは多い。

考えてみたら、私も今住んでいるマンションの管理組合の理事長をやっているし、イェール大学の組織委員をやっている。

イェール大学大学院の同窓会（卒業 30 周年）

組織委員会のメンバーはほとんどがアメリカの女性だが、電話会議で卒業30周年のパーティについても話し合った。

自分の日々の生活以外のことに少しでも目を向け、できることをやるといい。昔の同級生とか、地域社会の知り合いがいると精神的な支えになる。私の場合、日本人と話すことに加えて、イェールの同級生など外国人と話すことにしている。複数の回路を持っていると人間の幅が広がり、人生が豊かになる。自分が自分らしく、世のため人のために貢献できれば、結果的には会社も社会も得をするだろう。

あとがき

日本人に元気がないし、覇気もないと思い始めて本書の執筆を開始したのが2年前である。本書のもとになっているのは、政策研究大学院大学での「リーダーシップと交渉」という授業で使った教材が主である。教材といっても、教科書があったわけではない。アメリカやイギリスのような歴史と伝統に基づいてリーダー論や交渉論を教えている人は日本にいないのである。

それで困ってしまい、自ら教材をつくり出したのだが、それこそ初期の3年は悪戦苦闘の連続であった。日本には参考にするようなものがないので、アメリカに行くたびに、リーダー論や人物伝を購入した。人物伝は読み始めると止まらない。日本の本に比べて分量が多く内容も濃い。イェール大学の恩師数人にも教えを乞うた。

私は、これまで40冊近くの本を出版した。ほとんどが日本語であるが、一部に英語、フランス語、スペイン語、ロシア語、韓国語版もある。私の本は単純で読みやすいと評価され、外国語にも翻訳された。また、日本語での出版は国立国語研究所のアーカイブにも入り、全国の中学校、高等学校、大学の入試問題にも採用されている。それもほとんどが国語である。

私は専門分野にとどまらず、幅広い教養を身につけたいと考えた。それは1980年代の日米漁業交渉の際に、相手方のアメリカ人が西洋史や文学歴史に対する造詣（ぞうけい）が深かったのに対し、私は漁業交渉の話しかできずに、パーティーの席で、恥ずかしい思いをしたからだ。

日本語にはいわゆる「教養」に相当する人間としての知識、見識、経験の総合をうまくいい表す言葉がない。英語では「Erudition」という。大局観と専門知識があり、世のため人のために貢献できる、思考と行動のベースになる「Erudition」の蓄積が必要であると通感した。それ以来、日夜自己鍛錬（たんれん）を始めた。

考えてみれば、私の人生は、転機の連続である。ある局面から、別の局面に移るたびに場面が大きく変化したが、なんとか乗り切ることができた。

岩手県陸前高田市広田町（ひろたちょう）で生まれた私は、県都盛岡の高等学校に入学し、15歳で親元を離れ下宿した。5月の連休になると帰省したくてしようがなく、最初の夏休みに帰省すると盛岡に戻りたくなくなったことを覚えている。その後、大学を出て農林水産省に就職。

職場の諸先輩方は、右も左もわからない私を鍛えてくれた。そして人事院の試験を通りアメリカのイェール大学という名門大学に入学でき、学友と恩師にも恵まれた。これまで卒業後25周年と30周年の同窓会に出席したが、２０１９年に開催される35周年の同窓会にも出席するつもりである。

ローマも懐かしい。ＦＡＯ常駐代表部代表代理として赴任して国際機関とのつき合いが深まった。当初、日本人とまったく違うテンポと感覚の人たちとつき合うのは大変に困難であったが、次第に慣れてきた。自分の内面やものの考えも変わった。

国際会議ではＩＷＣほど出席者の人間性が悪いものがないと思ったものだ。日本という国家の代表を無視し、彼らが得をすればよいと思っている。平気で相手に不当な非難を浴びせる。嫌気がさしたこともあったが、投げ出しもせず、自分の土俵に彼らを連れ込むことに努めた。彼らに生の1次情報はなく、非難する言葉の暴力だけだった。ある意味では鍛えられたのだから感謝するべきかもしれない。日本人の若者をＩＷＣに送り込むのは、ディベート力と人間性を鍛えるには効果があるかも知れない。

冒頭の話に戻ると、大学教授を拝命するまでは、実践の経験はあっても教室で人に教えたことはなかった。それも英語で教えることになった。何を教えればいいかはわかっていたが、体系的に整理したことがなかった。それを5年かけて整理した。それで自分も鍛えられた。それを最初に出版したのが『劣勢を逆転する交渉力』（中経出版）で、その後の『なぜ日本にはリーダーがいなくなったのか?』（マガジンランド）につながる。本書『日本人の弱点』は3作目になり、このシリーズの集大成といえるものである。自分としては待ち望んだ機会で執筆に力を尽くした。

また、これまでの経験や人物伝の読み込みと分析を数多く行ったうえでの著作であり、皆さんに心からお勧めしたい。本書が日本と日本人の現状を踏まえて何らかの参考になれば幸いである。

2015年10月

小松正之

小松正之（こまつ　まさゆき）

公益財団法人東京財団上席研究員、公益財団法人アジア成長研究所客員主席研究員、一般社団法人生態系総合研究所代表理事。1953年岩手県生まれ。1977年水産庁に入省。1984年米イェール大経営学大学院卒・経営学修士（MBA）取得。1991～2004年の国際捕鯨委員会日本代表代理、みなみまぐろ保存委員会代表団長、ワシントン条約や国連食糧農業機関（FAO）など国際会議に出席。国際海洋法裁判の日本代表団員、国連食糧農業機関水産委員会議長、インド洋まぐろ類委員会議長などを務める。2004年農学博士号取得（東京大学）。2005年ニューズウィーク誌の「世界が尊敬する日本人」に選ばれる。2007年水産庁を退官。2008～11年内閣府規制改革会議専門委員。2008～12年政策研究大学院大学教授。主な著書に『国際マグロ裁判』『日本人とクジラ』『これから食えなくなる魚』『劣勢を逆転する交渉力』『なぜ日本にはリーダーがいなくなったのか？』『国際裁判で敗訴！　日本の捕鯨外交』など。

日本人の弱点

2015年11月19日　第1刷発行

著　　者　小松正之
発 行 者　和泉　功
発 行 所　株式会社 IDP出版
〒107−0052
東京都港区赤坂6−18−11−402
電話 03−3584−9301　ファックス 03−3584−9302
http://www.idp-pb.com

印刷・製本　藤原印刷株式会社
装　　丁　スタジオ・ギブ
組　　版　ネオ・ドゥー

ISBN 978-4-905130-19-2　C 0236
Printed in Japan